W0067801

Carl Oskar Renner
Die Schwedenplag am Inn

Carl Oskar Renner

Die Schwedenplag am Inn

Historische Erzählung

rosenheimer

Der Autor dankt
Herrn Stadtheimatpfleger Willi Birkmaier
und Herrn Verwaltungsoberamtsrat Horst Rankl
für die freundliche Unterstützung
seiner Arbeit.

INHALT

SCHUTZTRUPPEN

Sie haben wieder einmal einen geschnappt: den armseligen Schuster Simon Paumgartner aus der Oberen Gasse. Der hat wahrscheinlich ein paar dumme Bemerkungen zu laut ausgesprochen, weil er vor lauter Hunger seine Sinne schon nicht mehr recht beisammen hatte; nun schleift man ihn auf den Marktplatz – hoffentlich nicht an den Galgen! Der liebe Gott möge es verhüten!

Etliche von der Schutztruppe drängen mit dem Schuhmacher und noch einigen anderen Bürgern von Rosenheim auf den Markt herein. Einer schreit: »Heut wird ein Exempel statuiert! Aufhängen, an den nächsten Balken!«

Und der Fähnrich, der den Trupp befehligt, ein Hanns Georg von Gefugg, fordert: »Entweder wir kriegen, was wir wollen, oder ihr hängt!«

Viel Volk erscheint in den umliegenden Gassen, zwar schüchtern, aber dennoch gelüstig, sich an dem drohenden Verhängnis des armen Paumgartner und der anderen zu weiden.

Während die Soldateska den Ausruf des Fähnrichs mit Gejohle quittiert, schreit der Schuster mit gottsjämmerlicher Stimme: »Gnade, ihr Herren, Gnade!«

Der von Gefugg grinst ihn an: »Was heißt da Gnade! Uns knurrt der Magen, und der kennt keine Gnade! Er, lausiger Schuhmacher, ist nicht der Erste, dem wir den Hals in die Länge ziehen!«

Erbärmlich winselt jetzt der andere: »Aber wir haben ja selber nix mehr! Wir sind ausgeblutet! Alles, was wir hatten, habt ihr uns schon genommen!«

Jetzt spuckt der Soldat ihn an: »Wer nicht spurt, fährt zur Höll! Auf solche Jammerfiguren wie auf Ihn wartet der Bocksbeinige schon lange!«

»Aber ihr seid doch da, uns zu schützen, und ned, um uns zu massakrieren!«

»Halt dei Goschn! – Los, Männer, bindet ihn!«

Da werden nun tatsächlich dem armen Gesellen die Hände hinter dem Rücken zusammengebunden.

In diesem Augenblick kommt der Hauptmann Benno von Winter mit einigen Offizieren und Feldwebeln langsam auf den Platz geritten. Er hat den Hergang mit dem Paumgartner größtenteils mitbekommen und gebietet mit energischer Hand Ruhe. Als es ringsum still geworden ist, beginnt er in gemäßigtem Tonfall:

»Richtig! Wir sind da, euch zu beschützen vor dem Schwed, der schon im Anmarsch ist. Wer aber beschützt werden will, muss zahlen! Ihr müsst zahlen, ihr! Oder sagt, wer soll uns denn sonst bezahlen? Der Kaiser in Wien vielleicht? Oder der Kurfürst in München? Unseren Sold haben wir schon seit Monaten nicht mehr gekriegt – also holen wir uns, was wir brauchen: Furage heißt unsere Losung!«

Und als wollte er die Worte seines Hauptmanns bestätigen, schreit ein Soldat aus der Menge der Marodeure:

»So ist's! Ohne Fress und Sauf macht der Soldat kein'n Schnauf!«

Die Kameraden grölen ihm zu, was den Herrn von Winter sichtlich beglückt; deswegen fährt er auch nicht gleich dazwischen, sondern genießt das Echo seiner Worte und deutet leicht auf den Schreier hin: »Kamerad, bring uns eine Bank her!«

Sogleich stürmen mehrere davon und schleppen eine umfängliche Kiste heran, in der ein Bauer seine Ferkel zu Markte gebracht hat; sie stellen sie unter einen Balken, der aus der gegenüberliegenden Hausmauer heraussteht, und pflanzen den Schuster auf die Kiste.

Da schreit aus der Volksmenge eine Frau: »Wir haben nicht einmal mehr das tägliche Brot. Wir können ja ned stehlen und rauben, wie ihr es macht!«

Darauf der Fähnrich: »Halt Sie Ihren blöden Schnabel! Oder ich lasse Ihr das Fell über die Ohren ziehen!«

»Doch vorher wird sie noch geviertelt!«, schreit wiederum einer der Marodeure.

Die Bürgerin lässt sich nicht einschüchtern: »Alles Vieh habt ihr uns weggetrieben; unsere Kinder haben keine Milch; sie sterben weg wie die Fliegen!«

Der von Gefugg fährt die Frau darauf an: »Dann macht euch halt neue! Wird euch weiters nicht schwerfallen – oder muss vielleicht ich einspringen?« – und zu einem seiner Soldaten im Befehlston: »Schlinge um den Hals!«

Der legt dem Paumgartner einen Strick um die Kehle und schleudert das Ende des Stricks über den Balken.

Nun wird es still in der Menge. So mancher von den Bürgern, die da auf dem Marktplatz zu Rosenheim stehen und dem grausamen Schauspiel zusehen, während sie ein kalter Wind frösteln macht, stellt sich insgeheim wieder einmal eine Frage, die sich in diesem zu Ende gehenden Jahr 1633 schon mancher gestellt hat: Wären die Schweden überhaupt noch schlimmer?

Der große Krieg, von dem die auf dem Marktplatz Versammelten noch nicht wissen, dass er dereinst als der »Dreißigjährige« in die Geschichte eingehen wird, hatte die Bayern lange recht glimpflich wegkommen lassen. Doch dann, als die Truppen der katholischen Liga und die Kaiserlichen zu Breitenfeld von den Schweden geschlagen worden waren, spürte man auch in München und Landshut, in Regensburg und Wasserburg, was es hieß, wenn die halbe Welt ihre Zwistigkeiten auf dem Boden des Reiches auszutragen gedachte. Die Schweden waren in Bayern eingefallen, hatten fürchterlich gehaust und aus Stadt und Land herausgepresst, was zu holen gewesen war. Später hatten die eigenen Leute, die katholischen Ligatruppen, einige Landstriche befreien können. Aber die Schweden waren weiterhin im Land, und da Kurfürst Maximilian wusste, was er seinen bayerischen Untertanen schuldig war, stellte er Schutztruppen für die Orte auf, die jetzt wieder in seiner Hand waren.
Und so eine Schutztruppe saß nun auch in Rosenheim. Zuerst war man darum ganz froh gewesen; bald sah man aber, dass der »Schutz« im Wesentlichen darin bestand, dass die Soldateska sich auf Kosten der Bürger verpflegte, dass sie deren Töchtern nachstellte und auch sonst noch andere, durchaus nicht der Landesverteidigung zuzurechnende Dinge trieb. Da hatten einige Rosenheimer anders zu denken und dies auch hinter vorgehaltener Hand zu sagen begonnen. An dem einen oder anderen, der den Mund zu weit aufgemacht hatte, hatten die »Beschützer« denn auch schon schmerzhafte Rache geübt.

Und auch das, was jetzt Hauptmann von Winter, der Befehlshaber der Schutztruppe, neben dem provisorischen Galgen mit dem armen Paumgartner vom Pferd herab von sich gibt, ist für die meisten Rosenheimer nicht neu:

»Liebe Bürger von Rosenheim! Überlegt einmal! Wir haben uns um Ruhe und Frieden in eurem Markte zu kümmern, und ihr habt als Gegenleistung für unser Wohlbefinden zu sorgen! Eine Hand wäscht die andere, oder – wie die Böhmaken sagen – Ruka ruku mije! Wenn wir nun nicht kriegen, was wir brauchen, dann müssen wir's uns einfach holen: Das ist Kriegsrecht!«

Während der Hauptmann so auf die Leute einredet, sind vom Rathaus her zwei würdige Bürger gekommen, zwei Ratsherren. Der eine, Andre Peer, ein hoch gewachsener Mann, streckt einladend die Hand zum Herrn von Winter aus: »Aber ihr seid doch unsere Landsleute! Seid Soldaten unseres Kurfürsten – bayerische Fähnlein! Ich tät ja nix sagen, wenn ihr Protestanten oder gar Schweden wärt: also Feinde in unserem katholischen Land! So aber seid ihr unsere Leut, und trotzdem derart rüde Gesellen ... Nein!«

Der Hauptmann fällt dem Peer ins Wort: »Red Er doch keinen Unsinn! Jedermann weiß – und die Spatzen pfeifen's von den Dächern –, was uns Soldaten für Gesindel zuläuft. Das sind keine Doctores, keine Magistri oder sonst gottesfürchtige Leut! Nein, wir sind ein Haufen böser Buben aus allerlei Nationen! Unter meinem Befehl zum Beispiel gibt's kaum Bayern; dafür aber Krowoten, Böhmaken, Spanier und Katzlmacher! Solange ihr ihnen was zu fressen gebt, sind sie brauchbare Landsknecht; aber morgen schon können sie Marodeure sein!«

Es entsteht eine Pause.

Darauf wendet sich der von Winter an das ringsum gaffende Volk: »Also, wie steht's? Wollt ihr uns freiwillig geben, was wir brauchen? – Nein?«

Wieder eine große Stille.

»Dann: Wie ihr wollt! – Männer, zieht die Schlinge zu!«

Da schreit der Ratsherr Prack: »Herr, wir bitten Euch um Verständnis! Woher soll denn der arme Schuster Furage für euch besorgen? Er nagt doch selber am Hungertuche!«

Nun geht aber der Hauptmann auf; sein Ross bäumt sich, und er droht den Ratsmann niederzureiten: »Halt Er sein freches Maul! – Männer, auch für ihn einen Strick und hinauf auf die Bank! So geht's dann in einem Aufwaschen!«

Die Soldaten binden nun auch den Prack und schieben ihn neben den Schuster hin. Einer wirft die Schlinge um seinen Hals und den Rest des Strickes über den Balken. Je zwei packen die Enden, winden sie sich kurz um ihre Hände und starren auf den Hauptmann von Winter.

Mit einem Male brüllen die beiden Todeskandidaten wie aus einem Munde: »Gnade, Herr! Habt Erbarmen, Herr!«

»Und wer hat mit mir Erbarmen? Wer stillt meinen Leuten den Hunger? Dann geht's nämlich mir an den Kragen! Oder glaubt ihr, unser Generalwachtmeister Lindelo zu Wasserburg gewährt mir Pardon, wenn ich seinen Befehl nicht ausführe? Es ist ein altes Gesetz: Der Ober sticht den Unter! – Also, zum letzten Mal: Krieg ich, was ich will? – Oder wir schreiten zur Exekution!«

Für eine Weile tritt wieder vollständige Stille ein, bis sich der Ratsherr Andre Peer ermannt und vortritt: »Gnädiger

Herr, und wenn Ihr uns erst mit unserem Bürgermeister reden lasst? Auf jeden Fall werden wir uns bemühen, Euch dienlich zu sein!«

Und der Hans Prack unterm Balken setzt die Rede seines Amtskollegen Peer fort und versichert: »Exzellenz, wir werden alles tun, was wir nur können!«

»Dann tut es! Aber mit Bewegung!« Der Hauptmann von Winter sagt es und fährt gereizt fort: »Männer, nehmt den zwei Großmäuligen das Geschirr vom Halse! Der Flickschuster ist frei; der Schwarzrock geht als Geisel mit uns! – Aber das merkt euch: Heut abend, vor Sonnenuntergang, will ich euch im Feldlager sehen, und zwar mit Brot für dreihundert Mann, mit Käse und mit Speck und mit ein paar herzhaften Schluck Branntwein! Verstanden?«

Die Männer, den gefesselten Prack in der Mitte, wollen gerade den Platz verlassen, da kommen ihnen Reiter entgegen, und der hohe Offizier an ihrer Spitze schreit die Männer des Feldhauptmanns an: »Auf der Stelle den Bürgermeister samt Rat und Schreiber hierher!«

Der von Winter hält an und entgegnet: »Nanu, was soll denn das?«

In diesem Augenblick erkennen sich die beiden.

»Was? Von Schlaitheim? seid Ihr's wirklich?«, ruft der Hauptmann und steigt vom Pferd.

Nun verlässt auch dieser andere, der Obristleutnant von Schlaitheim, den Sattel: »Mein Gott, Winter! Seh ich richtig, alter Haudegen? Eine halbe Ewigkeit ist's her, seit wir beisammen waren!«

Dann fallen sie einander in die Arme, und der Feldhauptmann sagt: »Genau! Eine halbe Ewigkeit! Anno zwanzig war's das letzte Mal, in der Schlacht bei Prag!«

Und wieder umarmen sie sich.

»Ich musste damals den General Johann van Werth begleiten. Den hatte es schwer erwischt. Neun Kugeln hatten sie ihm in den Pelz gesetzt. Erinnert Ihr Euch?«

Darauf der von Winter: »Der Feldscher, der ihn in jenen Tagen aus dem Jenseits zurückgeholt hat, lebt hier zu Rosenheim! Doktor Geiger heißt er.«

Und der Obristleutnant von Schlaithaim: »Was? Der alte Querulant lebt immer noch? – Sagt, Winter, was treibt Ihr eigentlich hier am Inn?«

»Wir sind Schutztruppe seit geraumer Zeit! Und was ist mit Euch? Erzählt!«

Der Schlaithaim darauf: »Komisch! Auch wir sind abkommandierte Schutztruppe für Rosenheim und für das Land ringsherum! Doch wer weiß, was dahintersteckt. Vielleicht hat man bei Hofe Angst vor dem aufsässigen Rosenheimer Volk und vor den Bauern im Oberen Bayern; oder aber die Linke weiß nicht, was die Rechte tut. Seit uns Tilly im zweiunddreißiger Jahr verlassen hat, geht bei Hofe vieles drunter und drüber! – Wie viele seid ihr?«

»Dreihundert Mann hab ich in meinem Regiment. Und Ihr?«

»Bei mir sind's noch ein paar mehr. – Gibt's hier noch was zu holen?« – dabei zeigt er dem anderen die hohle Hand.

Grinsend erwidert der von Winter: »Schätze gibt's nicht – aber Schätzchen!«

Da brechen alle Soldaten ringsum in ein rüdes Lachen

14

aus, und mit hüpfendem Schmerbauch sagt der Schlaithaim: »Winter, Ihr seid doch immer noch der alte Strolch! Habt Euch in den zwei verwichenen Jahrzehnten nicht verändert!«

»Warum hätte ich auch? Wo doch noch reichlich Honigtöpfe zu meinen Füßen liegen!«

Das Gespräch der alten zwei Haudegen wäre vielleicht noch ins Peinliche abgerutscht, wenn nicht der Bürgermeister Hanns Pichlmayr mit seinen Räten hinzugetreten wäre. Die Herren formieren sich und grüßen mit entblößten Häuptern, während der Obristleutnant auf den Bürgermeister zugeht und ihm die Hand reicht: »Wisst Ihr, in welchem Auftrag ich komme?«

»Wir wissen es nicht, Exzellenz! Aber ich denk, Ihr kommt auf Befehl des Wasserburger Kommandanten Lindelo.«

»Unsinn, Bürgermeister! Von einem Lindelo lass ich mir nichts befehlen! Mir befiehlt nur einer: unser Kurfürst Maximilian; in seinem Auftrag sind wir da!«

»Und was steht zu Diensten?«

Der Schlaithaim wendet sich an den Winter: »Hauptmann, habt Ihr das gehört? Zu Diensten, hat er gesagt!« – und dann zum Bürgermeister: »Ihr, die Rosenheimer, habt mir zu Diensten zu stehen! Und zwar mit guten Viktualien, reichlich und sofort!«

Der Bürgermeister antwortet mit seiner tiefen Stimme: »Viktualien? Wofür, Euer Gnaden?«

Der Schlaithaim darauf: »Habt ihr's gehört, Männer? Der ungewaschene Kleinbürger wagt zu fragen! – Wir sind zu eurer Sicherheit abkommandiert, damit die Bauern nicht noch weiteres Unwesen treiben, beiderseits des Inn!«

15

Fein und korrekt erwidert einer der Ratsherren, Andre Weidacher: »Aber wir haben euch nicht gerufen! Innerhalb unserer Mauern liegen nämlich sowieso schon zu viele Schutztruppen!«

Jetzt wird der von Schlaitham massiv: »Da schau dir einer diesen Hornochsen an! Sagt er doch, sie hätten mich nicht gerufen! So meint ihr also, ihr braucht nicht zu zahlen? Ich will euch was sagen, ihr aufrührerisches Rosenheimer Pack! Ich bin berufen! Also bin ich da! Und wenn ich da bin, bin ich zu bezahlen! Basta!«

Der Prack ergänzt: »Wir haben schon so viele Kontributionen an andere bezahlt, Exzellenz! Wir sind am Ende!«

»Am Ende, sagst du? Im Gegenteil: Wir fangen erst an! – Von Kontributionen redest du? Ich bin doch kein Straßenräuber! Ich bin euer Freund und Beschützer: Deshalb bekomme ich Entgelt, und nicht Kontribution! Wie hässlich das klingt: Kontribution! Sehen wir denn aus wie Schweden oder Protestanten?«

Der Ratsherr Jakob Prusch sucht den hohen Offizier zu beruhigen: »Gott bewahre, nein! Das nicht, Euer Gnaden, aber ...«

»Kein Aber! Mit mir wird nicht geabert! Ich rede Fraktur! Wir sind nämlich Soldaten, bayerische Soldaten, ein Crompergisches Fähnlein, direkt dem Kurfürsten unterstellt. Versteht Ihr das, Bürgermeister?«

»Ja, ich seh's: Ihr seid bayerisch!«, sagt der etwas kleinlaut.

»Na Gott sei Dank, ein erster Schritt zur Erkenntnis!« Der Obrist sagt es und spuckt seitlich weg, dann fährt er fort: »Sorgt also für meine Leute, die draußen vor den Toren stehen! Je ein Rittmeister, ein Leutnant, ein Cornett, ein Fourier, ein Schreiber, drei Korporale und je einundneunzig Mann. Summa summarum: Dreihundertsechsundneunzig Mann, mit mir zusammen vierhundert! – Kapiert: vierhundert!«

Der Ratsherr Prusch, im Rechnen nicht sonderlich bewandert, auch sonst von etwas gehemmter Fassungskraft, schüttelt den Kopf und fuchtelt mit den Händen: »Aber wenn ihr bayerische Ligatruppen seid, dann seid ihr unseresgleichen, und für euch hat der Kurfürst zu sorgen, ned aber der Kleinbürger am Inn, wie Ihr Euch vorhin auszudrücken geruht habt!«

Der Schlaithaim schnaubt vor Entrüstung und wendet sich jäh an den Feldhauptmann: »Winter, was sagt Ihr dazu? Wie naiv doch dieser Kretin ist!« Dann dreht er sich wieder dem Rat und dem Bürgermeister zu: »Meint ihr denn, der Kurfürst habe nichts anderes zu tun, als sich um euch Rosenheimer Marktschreier zu kümmern? Der Kurfürst hat andere Sorgen! Er ist Regent und Kriegsherr, nicht Fourier! Für Furage sorgt die Truppe, und diese bedient sich der Bürger und Bauern! Oder seht ihr das anders?«

Mit versöhnlich klingendem Akzent in der Stimme entgegnet der Bürgermeister: »Man kann's drehen, wie man will! Hauptsache: Es passt!«

»So ist es!«, erwidert der Obristleutnant. »Hauptsache: Es passt! Und mir passt es so, wie ich's gesagt hab! Ihr aber würdet gut daran tun, willfährig zu sein! Ihr wisst ja: Rosenheim hat einen schlechten Leumund bei Hofe. So mancher von euch reißt das Maul zu weit auf in euren Mauern; und wer das Maul zu weit aufreißt, dem wird's gegebenenfalls bald zugemacht werden!«

Dem Bürgermeister ist das ständige Herumhacken auf

17

seiner Gemeinde in der Seele zuwider; drum ist seine Antwort kurz: »Exzellenz, wir werden sehen, was wir machen können!«

Doch der Schlaithaim will ihn klein kriegen und bohrt nach: »Nicht: Wir werden sehen!, muss es heißen, sondern: Wir werden's machen! Habt Ihr mich verstanden? – Und damit Schluss jetzt! Wir schicken unsere Trosswagen und holen alles ab!«

Dann kehrt er sich seinem Kameraden Winter zu: »Kommt mit Euren Offizieren heut abend in die Weinstube! Lasst uns würfeln und das Wiedersehen begießen!«

Während sich der Feldhauptmann zusammenreißt und ergeben antwortet: »Wir kommen gern!«, schwingt sich der Alte in den Sattel, wendet sich noch einmal den Ratsmännern zu und meint mit leisem Spott: »Und noch eins, liebe Rosenheimer: Denkt dabei auch an die Pferde und an unseren Tross! Das sind etliche Weiber, etliche Kinder, etliche Gaukler und deren Hunde! Dass mir keins davon vergessen wird! Adieu!«

Der Feldhauptmann von Winter schließt sich mit seinen Leuten dem Befehlshaber an …

Ein Ratsbeschluss

Mathias Ankhner, der Aktuar des Marktes Rosenheim, ist schlechter Laune. Sich in einem Nest wie Rosenheim damit herumzuplagen, dass die Rats- und Rechtsgeschäfte sauber laufen, ist eigentlich nichts für einen Mann wie ihn. Das hat er sich in den vergangenen Jahren immer wieder gedacht. Aus echter Liebe zur Gerechtigkeit hat er sich in seiner Jugend damit abgeplagt, in die komplizierte Materie der Jura einzudringen. Aber die Jahre, die seitdem vergangen sind – gar so viele sind es genau genommen nicht –, kommen ihm vor wie eine Ewigkeit. Mit Gerechtigkeit hat das, was er heute im Namen des Marktes Rosenheim und seiner Räte alles durchzuführen hat, fürwahr gar nichts mehr zu tun.

Die Räte! Wie oft waren in ihren Sitzungen nicht Worte gefallen und Beschlüsse, amtliche, verbindliche Beschlüsse, gefasst worden, bei denen man nur noch den Kopf schütteln konnte. Die meisten, so brummelt er vor sich hin, haben doch ihr Hirn und ihre Amtsbefähigung nur im Geldsack. Wenn er nur an diesen Prusch dachte! Über den sprachen ja auch seine Gegner im allerhöchsten Gremium stets nur in der Weise, dass er besagtem Sack allein Sitz und Stimme verdanke. Wenn's drauf ankam, hatte der noch nie etwas Vernünftiges zum Besten gegeben – und vor allem noch nie die geringste Spur von Rückgrat gezeigt.

Freilich gab es im Rat auch andere. Der Peer, der getraute sich wenigstens gegen den Bürgermeister und die anderen Großkopferten etwas zu sagen – auch wenn der Aktuar sich eingestehen musste, dass seine allzu laute Art ihm nicht immer zusagte.

Doch seit der Ratssitzung, die vor drei Tagen stattgefunden hat, graut es ihm beinahe davor, den Sitzungssaal wieder zu betreten.

Über ein junges Weib haben sie verhandelt, eine Tirolerin, die beim hiesigen Schmied im Dienst war und mit der der Schmiedknecht angebandelt und ihr ein lediges Kind angehängt hatte. Während sich der Vater des Kleinen aus dem Staub gemacht hatte, hatte man sie aufgegriffen und verurteilt. Jetzt soll sie vier Tage lang in die sogenannte »Geige« gesteckt und dem öffentlichen Spott preisgegeben werden. Und er als Aktuar hat die gehörige Ausführung dieser Anordnung zu überwachen. Er darf gar nicht daran denken.

Gewiss, ein paar Monate wird es noch dauern bis zu diesem widerlichen Augenblick, wo die Kinder vor ihr ihre Spottverse brüllen und die ehrbaren Bürger sie anspeien werden – der Rat hat verfügt, dass der Strafvollzug für die Zeit der Schwangerschaft und die ersten Wochen nach der Geburt des Kindes aufgeschoben wird. Aber ändert das etwas an der Abscheulichkeit dieses allerhöchsten Spruches?

Im Geiste sieht er die junge Frau immer noch vor sich, wie sie in ihrem einfachen Kleid aus grobem Leinen still und demütig, mit gesenktem Blick, vor den Richtern steht. Der Aktuar hat sie vorher nur flüchtig gekannt und nie einen schlechten Eindruck von ihr gehabt, aber gerade als das Urteil gesprochen wurde, war er mehr denn je überzeugt, dass die Elisabetha Grieffnerin aus Kitzbühel bestimmt kein unrechtes Weib war. War denn das, was sich hier abgespielt hatte, die Gerechtigkeit, für die er zu sorgen hatte?

Aber noch eine andere Sorge plagt den Aktuar in diesen letzten Tagen des Jahres 1633. Es geht dabei um einen gewissen Doktor Tobias Geiger, einen sehr tüchtigen Arzt und Chirurgen. Er hatte jahrelang sogar als Hofmedicus beim Kurfürsten zu München gedient, hatte dann aber vor knapp drei Jahren aus Gründen, die Ankhner nicht bekannt waren, resigniert.

Böse Zungen im Markt hatten dafür schon eine Erklärung: Mit seiner ganz unverträglichen Art sei er mit dem allergnädigsten Herrn Maximilian nicht mehr ausgekommen. Und ständig in der Gefahr, in Ungnade zu fallen, habe er sein Heil lieber im Rückzug gesucht …

Ja, seine Zunge konnte der gute Doktor Geiger tatsächlich nicht im Zaum halten, wenn ihm irgendetwas gegen den Strich ging. Das mochte bei den Geigers eine Familienkrankheit sein. Die älteren im Markte wussten noch viel von seinem Vater, dem Jakob Geiger, zu erzählen, der jahrelang in erbittertem Streit mit dem Rosenheimer Rat gelegen war, ehe er schließlich seinen Abschied als Bürger genommen hatte und nach Augsburg übersiedelt war.

Nun, und gerade diese lose Zunge drohte jetzt nicht nur dem Sohn Geiger zum Verhängnis zu werden, sondern auch ein ganz schlechtes Licht auf den Markt Rosenheim zu werfen.

Schon seit Wochen rumorten die Bauern in der Gegend

gegen die einquartierten kurfürstlichen Soldaten. Immer wieder hatte es bewaffnete Zusammenrottungen und auch schon kleinere Scharmützel gegeben. Der Landesherr hatte daraufhin noch mehr Truppen in die Umgebung gelegt und damit den Brand nur weiter geschürt. Den Bauern war es auch gewiss nicht zu verdenken, wenn sie aufsässig wurden; fraßen ihnen doch die Kurfürstlichen, was sie mit ihrer Hände Arbeit gesät und eingebracht hatten, ohne alles Federlesens vor der Nase weg.

All dies war schlimm genug, aber nun gab es auch noch eine Hetzschrift wider den Kurfürsten und seine Politik, die in der Gegend hie und dort aufgetaucht war. Sie zog in deutlichen Worten gegen die Einquartierungen zu Felde, gegen die Lasten, die den Bauern aufgebürdet wurden. Ganz Unrecht hatte der, der das geschrieben hatte, damit nicht, wie sich Mathias Ankhner eingestehen musste – aber musste nicht, wenn man nun den einen gegen den anderen aufhetzte, die Lage, die schon schlimm genug war, noch schlimmer werden?

Das Unangenehme für Rosenheim war aber, dass man am Hof zu München den Verfasser der Schmähschrift in Doktor Tobias Geiger vermutete und möglicherweise noch den ganzen Markt als einen Herd von Unruhe und Aufruhr ansah.

Dem Aktuar ist elend zumute. Doch machen kann er ohnehin nichts – weder gegen die martialischen Beschlüsse des Rates gegen ein junges Ding, das halt von der Lieb erwischt worden ist, noch dagegen, dass sich jetzt die eigenen Leute zerfleischen, noch überhaupt irgendetwas gegen diesen unsinnigen Krieg.

Er erhebt sich, wirft seinen Mantel um und begibt sich hinaus in die winterliche Kälte, auf den Markt, wo schon wieder helle Aufregung herrscht. Ob es neue Einquartierungen gibt? Oder neue Scharmützel zwischen Bauern und Soldaten?

Gleich vor der Tür stößt er auf den armen Schuster Paumgartner, den, der vor einigen Wochen gerade noch davongekommen ist. Er führt gerade gegenüber dem hochwürdigen Herrn Pfarrer Klage über die schlimmen Zeiten:

»Ja, ja, so ist das! Keiner hilft uns! Sogar die eigenen Leut fallen über uns her. Nun dauert der schreckliche Krieg schon über fünfzehn Jahr! Unser schöns Bayernland ist verwüstet. Zwischen Lech und Inn nur noch Raub und Mord und Plündern und Schlagen. Und das alles für nix und wieder nix!«

Der letzte Satz des Schusters Paumgartner passt nun freilich nicht ganz in das Konzept des geistlichen Herrn, weshalb der sofort erwidert: »Doch, doch, lieber Paumgartner, es geht schon um was! Es geht um unseren Glauben! Katholisch ist unser Bayernland, und katholisch soll es bleiben! Dafür steht unser Herr Kurfürst ein – dafür müssen auch wir einstehen! Wenn's auch manchmal grob und herzhaft zugeht – aber der liebe Herrgott wird's schon richten!«

Darauf der Schuster: »Ihr habt gut reden, Herr Pfarrer! Mit einer Kutte kommt man leichter zurecht im Bayernland! Aber wenn's so weitergeht, lieber Herr, dann wird der Hirte bald keine Schäflein mehr haben. Ich weiß, wie das tut; ich hab den Strick schon am Halse gespürt – ein saudummes Gefühl …!«

Diese Auslassung des Schuhmachers hat der Doktor Geiger, der auf der Seite gestanden war, mitgehört und fällt ihm sogleich ins Wort: »Recht hast, Paumgartner! Schaut euch doch die Bauern an, rundherum im ganzen Land! Links und rechts vom Inn tun sie sich zusammen und stehen gegen die eigenen Truppen auf: gegen die kaiserlichen und gegen die kurfürstlichen. Ich spür's schon! Bald wird's losgehen!«

Und plötzlich steht auch der Bürgermeister da und gebärdet sich wild gegen den Arzt. Der aber gibt ihnen gleich Saures und ruft über die Menge der Bürger hinweg: »Passt euch was ned, meine großkopferten Herren?«

Da tritt der Bürgermeister an den Arzt heran und sagt beschwichtigend: »Ist schon gut, Doktor Geiger! Redet aber ned so laut. Es könnten Unberufene mithören.«

Und der Aktuar ergänzt ebenso ruhig: »Wer einen Aufruhr anzettelt gegen unseren Herrn Kurfürsten, kommt hinter Gitter oder gar an den Galgen! Sind schon genug Köpf gerollt in letzter Zeit. Unser edler Herr in München kennt da kein Pardon.«

Dann wendet er sich an die rings versammelten Bürger: »Geht heim, Leut, geht heim und verhaltet euch still!«

Und tatsächlich entfernt sich eine ganze Schar. Etliche aber bleiben zurück, unter ihnen der Pfarrer. Der glaubt nun auch reden zu müssen. Er wendet sich an den Arzt: »Lieber Doktor, den Glauben muss man verteidigen mit aller Kraft; das heißt aber: nicht maulen!«

Doktor Geiger verschränkt die Arme. »Aber leider kann man vom Glauben ned herunterbeißen, wenn man Hunger hat! Versteht Ihr mich?«

Der Aktuar hält den Augenblick für gekommen, dem Arzt

einmal deutlich zu sagen, was er von seinen aufsässigen Anwandlungen hält: »Ich tät mein Maul halten an Eurer Stelle, Doktor Geiger, oder wollt Ihr, dass unser Rosenheim noch stärker ins schlechte Licht gerät? Wollt Ihr, dass unser Herr Kurfürst noch mehr auf uns aufmerksam wird wegen solch giftiger Auslassungen, wie Ihr sie führt?«

Der Bürgermeister, dieser leicht ergraute, würdige Herr, nickt dem Aktuar bedeutsam zu und meint: »Ihr habt recht, Aktuarius! Aber für heut reicht's! Wir haben schon genug Ärger am Halse, weil's zu München heißt, die Rosenheimer unterstützen die wilden Bauern zwischen Wasserburg und Kufstein; und das gilt besonders von Euch, Doktor Geiger!«

»Nun sei Gott Dank«, erwidert der Arzt, »dass ihr endlich in mir den rechten Sündenbock gefunden habt! Nur ist mir schleierhaft, wie es so schrecklich sein kann, wenn man die eigenen Soldaten in die Schranken weist, sobald sie sich im heimatlichen Revier rüpelhaft benehmen!«

»Ihr müsst reden, Doktor Geiger! Ausgerechnet Ihr!« So lässt sich jetzt der Ratsherr Andree Weidacher vernehmen. »Ihr seid es doch, der unseren Herrn Kurfürsten öffentlich verantwortlich macht, dass die Bauern am Inn so rebellisch werden! Das liegt an Eurer verdammt kaltschnäuzigen Art!«

»Lieber Weidacher – du kannst mich übrigens kreuzweise ...! –, aber dass ich die Bauern aufhetz, das müsste mir der Kurfürst erst beweisen!«

Wieder wird der Aktuar sehr deutlich: »Da ist nicht mehr lang hin! Der kurfürstliche Hofrat beschäftigt sich bereits mit Euch, Doktor Geiger! Die Untersuchung gegen Euch wird schon mit erkennbarer Deutlichkeit geführt. Es wird nicht mehr lange dauern, bis Ihr hängt. Fragt den Bürgermeister, der kann Euch mehr sagen!«

Der Doktor rotzt sich in ein überdimensionales Sacktuch ergiebig aus und spricht dabei: »Oh ihr armen Irren! Die Herren Justiziare werden sich hart tun mit einer Anklage!«

Der brave Ratsherr hat die Einladung des Doktors von wegen »kreuzweise« entweder schon wieder vergessen oder gar nicht verstanden und stottert: »Ich halt's ned für gut, wenn unser Herr Kurfürst in Misskredit kommt. Das soll eine Mahnung sein an Euch, Doktor Geiger!«

Der aber deutet mit dem Zeigefinger ans Hirn …

DER GROSSE AUFSTAND

Ein blauer Föhnhimmel spannt sich über dem Markt Rosenheim. Die Schneemassen schmelzen mit einer Geschwindigkeit, als hätten sie es eilig, für jemanden, der da kommt, den Weg frei zu machen. Von den Dächern tropft es, die Berge wirken so unnatürlich nahe, dass man meint, die schwarzblauen Bäume an ihren Hängen zählen zu können.

Der Gottesdienst in der Pfarrkirche hat heute, am Epiphaniastag, länger als sonst gedauert, doch jetzt ist er zu Ende. Die Bürger stapfen durch den Matsch und Schlamm des Marktplatzes zu ihren Häusern. Manche, gerade solche von den oberen Zehntausend, stehen noch in Gruppen beisammen und reden über das eine, das schon seit Wochen die Gemüter bewegt: die Bewaffnung der Bauern.

Es hat sich ein stattlicher Haufen zusammengerottet. Wenn man den Gerüchten glauben darf, die im Markt umgehen, müssen es schon mehrere tausend sein, die gegen die Kurfürstlichen aufgestanden sind. Angeführt werden sie von Kaspar Weinbuch, der bei den einen als grob verschrien ist, bei den anderen wegen seiner Kraft und Schneid bewundert wird.

»Ich kenn den«, sagt der Peer. »Ich hab im Sommer einmal in Wasserburg zu tun gehabt. Abends sind wir noch beim Wirt beieinander gehockt. Der Weinbuch ist mit einigen

Bauern ein paar Tische weiter gesessen. Mit seiner beeindruckenden Gestalt ist er mir sofort aufgefallen. Die anderen Bauern, die hereingekommen sind, haben ihn alle gegrüßt. Ich wollte wissen, wer das ist, und habe meinen Tischnachbarn gefragt. ›Das ist der Weinbuch von Babensham‹, hat er mir gesagt. ›Eigentlich fürchtet ihn hier jeder ein bisschen. Dabei ist er weiß Gott kein unrechter Kerl. Wenn man mit dem handelt, weiß man, dass alles mit rechten Dingen zugeht. Bloß wenn man ihm verkehrt kommt, dann kann man sein blaues Wunder erleben.‹ – So ein blaues Wunder hab ich an dem Abend als Augenzeuge mit anschauen können. Am Nebentisch ist nämlich eine Gruppe von Soldaten gesessen, die Ausgang bekommen hatten. Mit vorgerückter Zeit, und als etliche schon einige Maß zu viel hatten, ist es immer lauter geworden, und sie haben angefangen, Spottlieder gegen die Bauern zu singen. Der Weinbuch ist daraufhin aufgestanden, an ihren Tisch gegangen und hat gebrüllt: ›Jetzt langt's mir! Liegns einem auf der Taschn und fressn einem alles weg, und dann muss man sich von denen auch noch derzahnen lassn!‹ Einer von den Soldaten ist aufgesprungen, hat spöttisch gemeint: ›Was willst denn du, du Bauerntölpel?‹ – und im nächsten Augenblick ist er schon in der Ecke gelegen. Die anderen Soldaten sind dann auf den Weinbuch los, die Bauern an Weinbuchs Tisch sind dann auch dazugekommen, aber der Weinbuch ist mit der Soldateska fast allein fertig geworden. Die haben sich dann ziemlich kleinlaut hinausgeschlichen, der eine oder andere sicher mit ein paar Zähnen weniger. Vielleicht sollte man sagen, dass das schon der Anfang vom Bauernaufstand war.«

Der Bürgermeister wiegte bedenklich das Haupt. »Was ich fürcht, ist, dass wir zwischen die Fronten geraten. Wir haben die Soldaten da. Die Bauern wollen sich die kurfürstlichen Truppen vornehmen. Ich kann garantieren, dass sie sehr bald bei uns auftauchen werden, und wir müssen uns dann am End von zwei Seiten drangsalieren lassen, weil uns die Bauern genauso misstrauen wie die Soldaten.«

»Genau das fürcht ich auch«, meint der Aktuar. »Und dass es nicht mehr lang dauert. Gestern war der Bauernhaufen schon zu Rott und hat dort, wie man hört, auch wieder Zulauf erhalten. Mich würd's nicht wundern, wenn sie uns heute noch beehren würden.«

Der Aktuar, so scheint es, muss einen siebten Sinn gehabt haben. Denn akkurat in diesem Augenblick, wo er das ausgesprochen hat, wird draußen vor der Stadt ein wildes Geschrei laut.

Bald darauf ziehen auch schon wütende Bauern mit Sensen, Gabeln und Dreschflegeln vom Mittertor her auf den Platz. Ein riesenhaftes Mannsbild führt sie an; es trägt einen schweren Bihänder über der Schulter. Alle anderen bekunden ihren Respekt vor ihm dadurch, dass sie ihm überall freie Bahn schaffen. Doktor Geiger, der nach der Kirche ebenfalls noch mit einigen Leuten beieinander gestanden ist, tritt auf ihn zu: »Bist du ned der Bauernführer? Der Weinbuch von Babensham?«

Der erwidert: »Recht so! Der bin ich! Und wer bist du?«

»Ich bin der Doktor Geiger!«

»Gut, dass Ihr da seid, Doktor Geiger! Da könnt Ihr uns gleich entgegenkommen: Schmeißt die Soldateska 'naus, die ihr bei euch in Rosenheim aufgenommen habt!«

Obwohl nicht gefragt, antwortet der Aktuar: »Haben wir die Soldaten aufgenommen, oder hat man sie uns auf höchste Anordnung hin geschickt?«

Der Weinbuch: »Was weiß ich! Jedenfalls sans da, zahlreich und frech, und lassen uns ned in Ruah – quer durchs ganze Umland!«

Jetzt aber baut sich der Doktor Geiger neben dem Hünen auf und schreit ihn an: »Weinbuch, du Ochsentreiber, wem gehört denn diese Soldateska? Doch wohl dem Herrn Kurfürsten! Und wem gehören wir, diese bayerische Bürgerschaft? Dem Herrn Kurfürsten! Und wem gehört ihr, die bayerische Bauernschaft? Wohl auch dem Herrn Kurfürsten! – Und da willst du, dass sich Bayern gegen Bayern und nochmals gegen Bayern erheben und einander die Schädel einschlagen? – Eine solche Rebellion ist Dummheit! Man muss das Übel an der Wurzel packen! Ursachen muss man bekämpfen, nicht Symptome! – Oh ihr hirnverbrannten Bauern! Alle drei sind wir doch Bayern und haben nur einen einzigen Feind, der uns diesen Krieg gebracht hat! – Und wer ist das? Sagt mir's!«

Großes Schweigen über dem Platze.

Geiger wird lauter: »Wer ist's? Schreit's mir in die Ohren!«

Noch einmal Schweigen. Ein längeres.

Der Arzt: »Wenn ihr nicht begreifen wollt, wer euer Feind ist, dann schlagt euch ruhig die Schädel ein! Aber ohne mich! Sympathien hätt ich genug mit eurer Idee, ned aber mit eurer Blödheit! Mir ist speiübel, ich geh!«

Er verlässt mit langen, raschen Schritten den Platz.

Nach einer verhaltenen Pause, aus der man seine Befangenheit erkennt, wendet sich der Weinbuch an die Ratsherren: »Wo will er denn hin?«

Antwortet der Prusch: »Nach Kufstein will er! Auch dort versorgt er die Kranken. Er ist nämlich ein guter Doktor! Merk dir das!«

»Das ist mir wurscht!«, entgegnet der andere. »Was wär aber, wenn wir den Rosenheimern den roten Hahn auf die Dächer setzten? Das wär doch ned übel! Da verrecken dann die einquartierten Soldaten gleich mit, und wir sind die Plag los! Zwei Fliegn auf ein' Streich!«

Während die Bauern wild aufheulen, werden die Einheimischen bedächtig und ziehen sich sachte zurück. Das merkt der Weinbuch und glaubt seine Wildheit verdoppeln zu müssen.

»Kommt!«, schreit er. »Wir holen die anderen, die drauß im Lager liegen: Fünftausend sind's von uns, zehntausend von Wasserburg, Haag, Aibling, Trostberg; und zu Kling liegen noch mal fünftausend. Wir rufen sie samt und sonders hierher, und dann hauen wir denen da alles z'samm!«

»Ihr werdet gar nix!«, gibt der Weidacher zurück. »Mit solch hirnlosen Geschöpfen wie mit dir haben wir absolut nix zu tun! Zieht woanders hin und lasst uns Rosenheimer in Frieden!«

Und selbst der Prusch, der ja von sich aus selten etwas Vernünftiges zu sagen weiß, wiederholt: »Lasst uns Rosenheimer in Frieden!«

Da kommen von der Pfarrkirche her zwei Männer geschritten. Man merkt ihnen die Würde an, die sie verkörpern, denn diese Schritte ähneln einem Waffengang: voraus der Kapuzinerpater Roman, den man schon öfters in der Gegend gesehen hat, dahinter der Pfarrer.

Ruft der Pater verwundert aus: »Ja, was ist denn da los?«, und tappt barfuß auf den Weinbuch zu. Der rührt sich nicht von der Stelle. Wozu auch? Männer seines Kalibers genießen überall Platzrecht.

Darauf deutet der Pfarrer auf den Kapuziner und meint: »Ich bring euch unseren Pater Roman; er ist euch doch ned fremd?«

Der lässt niemanden zu Wort kommen und antwortet auf die Frage des Pfarrers gleich selber: »Freilich kennt ihr mich! Bin wiederholt mit'm Bettelsack bei euch vorbeigekommen. Hoffentlich schlagt ihr mich ned!«

Auf diesen letzten Satz ist der Weinbuch nicht gefasst gewesen, weshalb er fadenscheinig erwidert: »Warum sollt Euch einer schlagen? Oder habt Ihr jemandem was zu Leid getan?«

Der Mönch Roman schmiegt sich schier an den gewaltigen Bauern und fragt mit großer Freundlichkeit: »Kaspar Weinbuch, unser lieber Heiland hatte auch niemandem was zu Leid getan – und trotzdem habens ihn ans Kreuz geschlagen!«

Diese Bemerkung bringt den Riesen völlig aus dem Konzept, und er erwidert: »Was hat denn der Heiland mit uns hier am Rosenheimer Marktplatz zu tun?«

»Sehr viel und allerhand!«, entgegnet der Kapuziner, denn er ist nicht aufs Maul gefallen. »Auch unser Heiland wollte Frieden und Gerechtigkeit, doch sie haben ihn gedemütigt. Seine Absicht haben sie falsch ausgelegt – so wie ihr meine Absicht auf Frieden und Ruhe, die ich euch verkünden möcht, falsch auslegen könnt! Ich versteh euch zwar, versteh auch, dass ihr einen Aufstand macht – nur frag ich mich: gegen wen?«

Darauf stottert der Bauer hilflos vor sich hin: »Kontributionen musst zahlen, kurfürstliche Reiter und ihren Tross musst beherbergen und füttern; dafür vergreifen sie sich an Weib und Sach!«

Der Kapuziner erwidert: »Was du da erzählst, trifft ned bloß euch Bauern, sondern trifft unser ganzes Land! Vor drei Tagen noch war ich bei unserem Herrn Kurfürsten am Hof zu Braunau. Da hab ich bei den Audienzen die gleichen Klagen gehört!«

»Du warst in Braunau?«

»Freilich! Und der Kurfürst hat mich beauftragt, mit euch Bauern zu reden. Es trifft sich gut, dass du gerade hier bist. Du bist der Bauernhauptmann, da spar ich mir den Weg zu euch nach Babensham. Der Kurfürst hat nämlich gesagt, ihr sollt euch wegen der Einquartierungen noch eine Weile gedulden. Und dass die Soldaten keine Heiligen sind, das weiß auch unser Kurfürst – wer von uns ist denn schon heilig! Er hat auch versichert, dass er euren Landstrich von jetzt ab vor Einquartierungen verschonen will.«

Der Weinbuch sticht seinen Bihänder mit einem mächtigen Stoß vor seinen Füßen ins Erdreich und lacht bitter auf: »Wer's glaubt, wird selig; und wer's ned glaubt, kommt ebendorthin! Dem Kurfürsten glaub ich kein Wort mehr! Der dreht sein Fähnlein in den Wind, so wie er's braucht, und du bist sein Speichellecker!« – Dann reißt er den Bihänder wieder aus dem Boden und schreit seine ringsum stehenden Leute an: »Kommt, Bauern, wir hau'n den Lindelo zu Wasserburg und seinen Heerhaufen zusammen!«

Der Kapuziner aber tut, als hätte er den Wutausbruch des anderen gar nicht gehört, und redet weiter: »Nicht genug damit! Unser Kurfürst erklärt weiter, dass ihr Bauern noch allerhand Pflichten zu übernehmen habt, und zwar: weitere Kontributionen und Lieferung von Getreide und Vieh und Nahrungsmitteln! Das wär das eine! – Was aber das Wichtigste ist – macht jetzt eure Ohren auf, weit auf: Das Wichtigste ist, dass ihr unverzüglich – habt ihr verstanden: unverzüglich! – auf eure Höfe zurückkehrt und die Arbeit in verstärktem Maße wieder aufnehmt!«

Da stockt dem Weinbuch für ein paar Augenblicke der Atem. »Du bist verlogen!«, brüllt er. »Verlogen wie der Kurfürst! Einmal redest du so – und dann wieder so!«

Der Pater fühlt sich durch den Vorwurf der Verlogenheit wohl etwas angerührt, doch lässt die anerzogene Beherrschung keinen Unmut in ihm aufkommen; im Gegenteil, er erwidert sehr verhalten: »Weinbuch, ich bitt dich, nimm Verstand an! Der Kurfürst kann nämlich auch zuschlagen, wenn ihr nicht aufhört. Und dann wird's fürchterlich! Das sag ich euch!«

»Soll er's doch versuchen! Wir gehn aufs Ganze!« Der Bauernhauptmann steht da, und seine Kinnlade wackelt auf und nieder, gleich als wollte er sich auf den Kapuziner stürzen.

Doch der bleibt gelassen: »Hauptmann Weinbuch, wisst Ihr denn nicht, dass spanisches Fußvolk, Reiterei und Artillerie von München her anmarschiert und dass die

Crompergischen Reiter auch dabei sind? Und hinter ihnen die Schweden?«

Der riesenhafte Bauer grinst, als hätte er eine Handvoll Senfbeeren verschluckt: »Mensch, Roman, wir sind zwanzigtausend handfeste Kerle!«

»Mit denen kannst du allenfalls dem Lindelo was anhaben, aber ned den Heerscharen, die unterwegs sind! Das sind ausgebildete Soldaten, hart und zäh wie gegerbtes Leder, und deine Bauern sind ausgehungerte Schleimscheißer!«

Da hebt der Weinbuch seinen Bihänder empor und ruft über die Köpfe hinweg: »Wir sind zum Kampf bereit! Ihr Männer, mir nach!«

Und mit Hallo und Gebrüll stürmen sie über den Platz in Richtung Mittertor davon …

Der Aktuar, Doktor Geiger und einige ehrsame Leute aus der Bürgerschaft schauen den wilden Bauern nach, schütteln die Köpfe und machen abfällige Bemerkungen über diese rohe Gesellschaft. Dann meint der Bürgermeister, dass es eigentlich Zeit wäre, gemeinsam einen Weinladen aufzusuchen.

Die Pest

Die Warnungen, die Pater Roman an die Adresse Weinbuchs gerichtet hatte, sollten sich als nur allzu berechtigt erweisen. Der Kurfürst entschied sich, nachdem Pater Romans Vermittlungsversuch gescheitert war, für die militärische Gewalt. In der Schlacht bei Ebersberg kam es zur Stunde der Wahrheit: Der schlecht bewaffnete Bauernhaufen wurde von einer durch jahrelangen Drill und Kriegserfahrung gestählten Armee einfach zusammengeschossen. Die führenden Köpfe der Aufständischen, soweit sie die Schlacht überlebt hatten, wurden hingerichtet. Weinbuch und einige andere freilich waren dem Henker zuvorgekommen – sie starben in ihrem Wasserburger Verlies am Gelbfieber.

Inzwischen sind wieder Monate vergangen. Ginge man nach dem Kalender, so müsste nun die gute Jahreszeit anbrechen. Doch heuer will es nicht warm werden im Oberland. Noch lange, viel zu lange hat der Winter nasse Schneeschauer über das Land geschickt, und vom Frühjahr hat der Markt Rosenheim bis jetzt reichlich wenig gesehen. Die Sorgen sind für die Bürger der Stadt nicht kleiner geworden. Im Tirolischen, so hat man erfahren, ist die Pest ausgebrochen. In Innsbruck, Hall und Schwaz sollen schon Tausende daran gestorben sein. Bei dem Verkehr, der zwischen Bayern und Tirol herrscht, ist es fast unmöglich, den Markt davor zu schützen, dass ein Infizierter hier die tödliche Seuche einschleppt.

Die Grieffnerin hat einen Sohn geboren, und der Beginn ihrer Leiden lässt sich nun nicht mehr aufschieben.

Der Aktuar gibt also Anweisung zum Strafvollzug. Er will es nicht tun, aber er muss. Kurz angebunden sagt er nur das Nötigste zu Benedikt Hell, dem Trommler, und den beiden Torknechten, die der armen ledigen Mutter nun die sogenannte Geige überstülpen.

Diese ist ein etwa zwei Ellen langes Brett, in dem drei Löcher ausgesägt sind: ein kindskopfgroßes in der Mitte, je ein kleineres rechts und links daneben. Der Strafvollzug in der Geige besteht darin, dass dieses Brett, das seiner Länge nach halbiert ist, dem Missetäter so auf die Schultern gelegt und verschlossen wird, dass sein Kopf in der Mitte, die beiden emporgehobenen Hände aber jeweils hier und dort aus den kleinen Löchern herausragen: ein hässliches Instrument, insbesondere den Frauen zugedacht, vor allem den vermeintlichen Hexen, die in jener Zeit fröhliche Urständ feierten.

Sie zerren die Grieffnerin, hinter der eine ganze Schar ausgelassener Kinder herläuft, zur Mitte des Platzes, und der Trommler beginnt:

»Aufgepaßt und hergehört! Hier geht's um eine, die's faustdick hinter den Ohren und anderswo hat: um die

Elisabetha Grieffnerin, gebürtig von Kitzbüchl, in der gefürsteten Grafschaft zu Tirol. Besagte Grieffnerin ist von dem Schmiedknecht Sebastian Nigg eines unehelichen Kindes geschwängert worden, als sie beide bei dem Hufschmied Lorenz Scheurer allhier zusammen in Diensten gewesen. Als diese Schandtat erkenntlich geworden, hat sich der Kindsvater auf Abwege begeben. Die Grieffnerin aber, ansonsten ein ehrbar Weib, hat ihr Ansehen verloren. Sie muss mit angehefteter Geigen und einem Kranz aus Stroh über vier Tage mit dem Trommelspiel ausgepätzt und zu öffentlichem Spott im Markt herumgeführt werden!«

Mit einem heftigen Draufhauen schließt der Trommler seine Verlautbarung ab, und der ganze Kinderzug geht weiter. Zurück bleiben die Marktgrößen: der Bürgermeister, der Aktuar, der Doktor und einige Räte.
Sagt der Arzt zum Bürgermeister: »Ist denn nun dieses schreckliche Spiel mit der armen Grieffnerin unbedingt nötig? Ist sie denn nicht schon genug gestraft mit dem ledigen Kind und mit diesem Sauhund, dem flüchtigen Vater?«
Darauf der Bürgermeister: »Wer Unrecht tut, muss büßen! Mein ehemaliger Lehrmeister hat immer wieder gesagt: Recht und Strafe haben einen gemeinsamen Nenner! Das gilt für die Großen wie für die Kleinen.«
Doktor Geiger wiegt den Kopf ein wenig hin und her. »Vergesst aber den Unterschied nicht: Die Kleinen können sich nicht wehren! Stellt Euch vor, einer von uns stünd an der Stelle der Grieffnerin: glücklos, ohne Helfer, ohne Ernährer! Wär uns da gedient, wenn einer mit pro-

phetischer Gebärde sagen tät: Recht und Strafe haben einen gemeinsamen Nenner?«

Darauf der Bürgermeister schroff: »Der Rat hat's so beschlossen! Punctum!«

Es entsteht eine kurze Pause; da hinein setzt der Pfarrer sein priesterliches Wort: »Ich meine auch, Ihr solltet das Weib von dieser Pein und Schmach erlösen!«

Doch der Bürgermeister erwidert leicht entrüstet: »Nix da! Strafe muss sein!«

»Ihr seid ein hartherziger Mensch, Bürgermeister!«, meint da der Arzt; doch der andere antwortet nicht ganz ohne Selbstbewusstsein: »Ich hab halt einmal dafür zu sorgen, dass die Justitia zu ihrem Recht kommt!«

»Und was sagt unser Aktuarius dazu? Er ist doch der notarius publicus unseres Marktes.«

Dem Aktuar ist in seiner Haut nicht wohl. Sein Herumschlenkern mit den Armen verrät die innere Unsicherheit, und es dauert eine ganze Weile, bis er sich zu einer gereizten Antwort entschließt: »Ich lasse nur ausführen, was der Rat bestimmt – ob es mir persönlich recht ist oder nicht! Wendet Euch, hoch geachteter Doktor Geiger, an die Ratsherren! Sind genügend da! Ihr habt Euch doch nie ein Blatt vor den Mund genommen ...«

Der Doktor grinst: »Ich reiß mein Maul auf, wenn's an der Zeit ist. Wenn Unrecht geschieht, soll's auch Unrecht genannt werden! Da kann mir in die Quere kommen, wer will!«

Nun tritt der Ratsherr Prusch mit schleimiger Miene zum Arzt hin: »Und wenn das Unrecht von ganz oben käme? Ich mein das natürlich nur ganz hypothetisch, rein hypothetisch, weil's ja ned vorkommt! Aber wenn's trotzdem einmal von oben käm, von ganz oben, das Unrecht? Was dann, Doktor Geiger?«

»Dann tät ich sagen, was ich auch jetzt sag: Es gibt auf allen menschlichen Ebenen liebenswürdige Zeitgenossen, und es gibt – auch ganz, ganz oben – raffende Raubvögel, und es gibt Klugscheißer und scheinheilige Bremser – so wie du einer bist!«

Bei dieser Antwort des Arztes fährt der Bürgermeister erbost auf und erwidert laut: »Hört auf, ihr Herren, und gebts a Ruah! Es kann ned angehn, auf offenem Markt ein' derartigen Diskurs auszutragen!«

»So redet einer«, erwidert der Doktor, »der ned übern Tellerrand hinaussieht; der sein' Fuß weder vor das obere Tor noch vor das untere gesetzt hat; der noch ned bemerkt hat, dass die Erde rund ist und sich bewegt!«

Darauf der Bürgermeister: »Verdammt! Ich weiß genau, was sich in unserer Welt abspielt!«

Und wieder schleicht sich der Prusch zum Gemeindeoberhaupt hin und geifert: »Richtig! Das weiß er, unser Bürgermeister! Der ist ned auf der Brennsupp'n dahergeschwommen!«

Dröhnend und nachhallend entgegnet der Arzt: »Amen!« Darauf tritt er in ihre Mitte: »Verehrte Herren vom Rat! Ich glaub, ihr wollt ned begreifen, was beiderseits unseres Innflusses geschieht. Die Not und die Pein unserer Landsleute, die Gewalttätigkeiten unserer eigenen bewaffneten Fähnlein – und die Qual unserer Weiber. Eigenes Feuer und eigenes Schwert regieren seit vielen Jahren in unserem Land. Das ist die Wahrheit! Schaut euch doch bloß um im Markt – schon hier ist's ned anders! Aber mir will scheinen, das alles interessiert euch ned.

Nur das arme Weib und das kleine Vergehen sind wichtiger für euch alle zusammen!«

Der Weidacher, der eine scharfe Beobachtungsgabe hat, erwidert voller Bewunderung: »Dieser Doktor Geiger! Ihr seid, weiß Gott, ein seltsamer Mensch! Gebildet und klug! Aber wenn der Gaul mit Euch durchgeht, dann haltet Ihr Eure Zunge nicht mehr im Zaume!«

Der Doktor nimmt diese Sprüche nicht mehr zur Kenntnis, sondern wendet sich jäh an den Aktuar: »Nun, Menschenskind, wollt Ihr nichts tun für das arme Weib?«

Gerade in diesem Augenblick kommt einer schreiend aus der Kirchgasse gerannt: »Doktor Geiger! Rasch ans Inntor! Einer hat die Pest!«

Der Name der fürchterlichen Seuche dringt in die Ohren und Herzen der Umstehenden ein wie Natterngift. Sie stieben auseinander wie die Hühner, wenn der Geier über sie kommt; alle versuchen, die Haustüren der nächstbesten Gebäude zu erreichen, und gebärden sich wie die Irren.

Doktor Geiger weist den Torknecht an, in sein Haus zu gehen und Stab, Maske und den langen, weit wallenden Mantel zu holen – die äußeren Erkennungszeichen des Pestarztes.

Abermals kommt der Stadttrommler mit der Grieffnerin auf den Platz, um die öffentliche Sünderin vorzuführen.

Doch es ist kein Volk von Gaffern mehr da, weshalb er sich geruhsam auf den Brunnenrand setzt und dumm in die Gegend schaut.

Da wendet sich der Arzt an den Aktuar: »Ist's nicht eine Schande, was sich da tut? Krieg und Pest, Not und Pein breiten sich erschreckend in unserem Markte aus, aber ein Weib wie die Grieffnerin muss noch mehr leiden als alle anderen, und das nur, weil's den Herren vom Rat so gefällt. Kennt denn keiner von euch das Gebot: Liebe deinen Nächsten?«

Dem anderen kommt dieser Gesprächsstoff nicht gelegen; er beginnt mit den Händen nervös um sich zu greifen und meint: »Doktor Geiger, mir sind die Hände gebunden. Ich schaue zwar aufs Recht, doch setzen tut's der Rat. Das müsst Ihr verstehen!«

»Was heißt das: Der Rat setzt das Recht? Ihr seid ein gebildeter Mann, habt die Juristerei studiert und habt folglich Einfluss auf diesen Rat!«

Darauf der Aktuar: »Das schon! Es wird einem aber oft nicht leicht gemacht. Habt Ihr schon einmal miterlebt, wie Rechtsgeschäfte im Rat verhandelt werden? Die Haare würden Euch zu Berge stehen!«

Der Doktor legt die Hand auf den Arm des anderen: »Mein lieber Freund, ich bin am Münchner Hof ein und aus gegangen. Ihr braucht mir nichts zu sagen. Doch eins steht fest: Selbst unser Kurfürst hat seine Meinung geändert, wenn ihm ein kluger Vorschlag unterbreitet wurde. Ihr Rechtsgelehrten pflegt doch stets – wenn euch nichts Gescheites einfällt – zu sagen: Es kommt drauf an. Also lasst's drauf ankommen!«

»Lieber Doktor«, erwidert der Aktuar, »Ihr seid – weiß der

Himmel! – ein schlauer Fuchs. Aber ganz so einfach ist das nicht!«

»Was soll das heißen? Und was ist da nicht einfach? – Nehmt die Grieffnerin aus der Geige und führt sie ihrem Kinde zu! Das kleine Wurm bräuchte eh schon längst seine Mutter!«

Der Aktuar wiegt den Kopf hin und her, doch der Arzt unterbricht ihn bei diesem Geschäft und meint: »Oder wollt Ihr auch sagen: Es kommt drauf an?«

»Das will ich nicht sagen; aber der Rat hat erklärt: Vier Tage Strafe in der Geige! Diesem Ratsbeschluss bin ich verpflichtet!«

Doktor Geiger wendet ein: »Und wenn sie die vier Tage zusammen mit ihrem Kind im Gefängnis verbringt? Sie muss raus aus der Geige und weg von der Öffentlichkeit, gerade jetzt, wo's heißt, dass die Pest bei uns eingefallen ist! Da haben wir nämlich Infektionsgefahr, und alles sollte in den Häusern bleiben! Oder leuchtet Euch das nicht ein?«

»Die Pest! Ja freilich, die Pest! Damit lässt sich einiges arrangieren! Damit kann ich dem Rat und jedem anderen Federfuchser entgegentreten!«

Da geht der Arzt mit ausgebreiteten Armen dem Aktuar entgegen und umhalst ihn: »Hab ich's doch gewusst, dass Ihr noch Mensch geblieben seid!«

Ein bisschen kleinlaut antwortet der andere: »Ihr hättet Jurist werden sollen anstatt Medicus!«

Der Aktuar geht zur Grieffnerin und nimmt ihr eigenhändig den Strohkranz ab. Dann fordert er die Schergen auf, das Weib von der Geige zu befreien, und bedeutet ihnen, ihm zu folgen. Im Abgehen wirft er noch dem Doktor einen bedeutsamen Blick zu und grüßt ihn mit leicht erhobener Hand. Der schickt sich an, ihm zu folgen, wird jedoch durch einen schwer beladenen Wagen aufgehalten, der, von Landsknechten eskortiert, auf die Innlände zufährt.

Und schon kommt ihnen auch der Torknecht Prienner entgegen und fragt in der gewohnten rüden Art: »Was habt ihr da geladen: Kriegszeug oder Diebesgut?«

Der Fuhrknecht Zweigler springt vom Wagen und herrscht den anderen an: »Diebesgut, sagst du? Aber sonst bist du gesund? Man hat uns diese Kisten in der Münchner Residenz aufgeladen und uns dann losgeschickt!«

»Und was ist in den Kisten?«, fragt der Prienner weiter.

Der Zweigler packt den anderen und zieht ihn kurz zur Seite: »Du wirst lachen: Das kurfürstliche Tafelsilber – hat's geheißen!«

Der Prienner schneidet eine Grimasse: »Und wohin willst du mit dem G'raffl?«

»Wohin wird's denn schon gehen? Auf'm Inn bis Braunau, wo der hohe Herr gegenwärtig Hof hält!«

Da ist auf einmal auch der Fähnrich Hanns Georg von Gefugg mit sechsen seiner Leute da und fragt den Fuhrknecht: »Kommt ihr von München? – Ich frag dich deshalb, weil der Münchner Hof angeordnet hat, dass dich eine Eskorte von uns begleiten soll; nicht, dass der Schwed oder die Krowoten euch noch überfallen … Doch da ist mein Feldhauptmann; der weiß das Nähere.«

Und vom Markte her kommt, hoch zu Ross, der Herr von

Winter. Der Fähnrich meldet ihm die Ankunft des von München angekündigten Trosses.

Der Hauptmann bedankt sich auf leutselige Art beim Fuhrknecht. Der ist davon gleich so angetan, dass er glaubt, eine längere Erklärung loslassen zu müssen: »Herr Hauptmann, es ist ned einfach, nach Rosenheim zu kommen. Überall lauern die Schweden. Sie schicken Streifen aus zum Überfall. Es ist unheimlich im Oberland. Wir san froh, wenn wir weiterkommen, Richtung Osten.«

Dem Feldhauptmann geht diese Geschwätzigkeit auf die Nerven, weshalb er kurz erklärt: »Ist gut! – Dann also los, ab nach Braunau, damit unser Kurfürst sein Tafelsilber kriegt! Fähnrich Hanns Georg von Gefugg begleitet den Tross mit sechs Mann! Ihr kommt zurück, wenn alles erledigt ist!«

Der Angeredete nimmt den Befehl respektvoll entgegen und rückt mit dem silberschweren Tross ab, in Richtung auf das Inntor. Der von Winter sitzt ab und lässt sich mit seinen Belagerungsoffizieren auf einer sogenannten Schrei-Bank, wie sie für die Marktschreier auf dem Platz aufgebaut sind, nieder. Auf ihren Gesichtern erkennt man die Genugtuung, dass die leidige »Silbergeschichte« abgetan ist. Der Feldhauptmann schickt auch gleich zwei Ordonnanzen zum Marktwirt hinüber mit der Aufforderung, für alle zwölf Mann eine »Pfundsbrotzeit« und zwei Eimer braunes Bier zu bringen.

Der Doktor Tobias Geiger stakt in seinem Erkennungsgewand – dem weiten Pestmantel – daher, schlägt die Schnabelmaske hoch und winkt die neugierigen Gaffer näher heran. Zugleich zerren ein paar Torknechte an langen Stricken einen Pestbefallenen durchs Mittertor herein. Hinter ihm geht schüchtern und schuldbewusst am Arm ihres Bruders Anselm das Mädchen Gisela.

»Nun denn, verehrter Bürgermeister«, sagt der Doktor, »jetzt habt auch Ihr die Pestilenz in Eurem Markte!«

»Der Himmel sei uns gnädig!«, erwidert der Bürgermeister und schlägt sich mit der Hand auf die Brust. »Und was tun wir jetzt?«

»Wenn ihr wollt, meine Herren, können wir den betrüblichen Casus gleich verhandeln!«, antwortet der Arzt und legt Mantel und Maske ab. Dann beginnt er: »Ich dank Euch, Bürgermeister! Und nun, in kurzen Worten, die tragische Geschichte: Der Anselm dort, der Knecht am Tor, hat den Liebhaber seiner Schwester, einen Spunddreher aus Kufstein, in unseren Markt eingeschleust. Und der Spunddreher hat die Pest am Leibe.«

Darauf der Bürgermeister: »Was schlagt Ihr vor?«

»Den Tiroler in ein Einzelverlies!«

Der Bürgermeister ordnet mit wegwerfender Handbewegung an: »Ab mit ihm!«

Sie führen ihn weg.

Der Arzt: »Wie's mit der Gisela steht, kann ich bis jetzt ned sagen; Gott geb, dass sie noch zu retten ist!«

Der Bürgermeister: »Aber der andere, der Torknecht, der ihn eingelassen hat, unterliegt unserer Marktordung; es winkt ihm eine schwere Strafe.«

Da meint der Pfarrer in seiner bescheidenen Art: »Erlaubt mir, dass ich ein gutes Wort für den Beschuldigten einleg! Der Anselm hat sicher nicht gewusst, wie's mit dem

Freund seiner Schwester in Wirklichkeit bestellt war. Und die Geschwisterlieb, meine Herren vom Rat, hat ihn halt gedrängt zu helfen. Das kann doch wahrhaftig kein Verbrechen sein!«

»Herr Pfarrer« – der Bürgermeister wird kritisch – »hier geht's ned so sehr um die Geschwisterliebe, sondern um die sträfliche Übertretung der Marktordnung. Und diese Übertretung könnte – was der Himmel verhüten wolle! – den Tod vieler Bürger zur Folge haben. Indes, darüber sollen unsere Räte entscheiden. Führt ihn vorab weg!«

Während die Knechte mit dem Anselm den Befehl des Marktoberhauptes vollziehen und unter den ringsum stehenden Gaffern eine streitsüchtige Unruhe aufkommt, erhebt sich Doktor Geiger von seinem Platze und tritt in die Mitte. Seine Worte fallen nieder wie schwere Steine:

»Und jetzt, meine lieben Rosenheimer, hört mir noch eine Weile zu! Jetzt geht's um uns alle. Bis zur Stunde war es uns gegönnt, von der gegenwärtigen Plage verschont zu bleiben; von heut ab nicht mehr! Mit dem heutigen Tage hat die Hand Gottes ausgeholt, uns zu schlagen. Der Pfarrer wird versuchen, den Schlag dieser göttlichen Hand ein wenig abzufangen. Auch ich will, vereint mit ihm, das Meine tun. Aber auch ihr, liebe Rosenheimer, müsst uns dabei helfen!

Darum bitt ich euch, folgende Regeln zu beachten:

Sind Anzeichen der Krankheit zu erkennen, dann sofort den Arzt oder den Bader aufsuchen! Denn jeder Verzug kann tödlich sein!

Niemand darf einen Kranken, wie eng er ihm auch

befreundet sein mag, in den Burgfrieden des Marktes bringen!

Das Gewand und das Bett des Angesteckten darf nicht im Bach und nicht auf den Waschbänken gereinigt werden, nein, man muss es verbrennen!

Ein Haus, darin es Kranke gibt, darf von anderen sieben Wochen lang nicht betreten werden! Es ist zu versperren! Diese Quarantänezeit ist wegen der Ansteckungsgefahr strikt einzuhalten! –«

Der Arzt hält inne: »Hat jemand zu dem Gesagten eine Frage?«

Da sich niemand zu Wort meldet, redet er weiter:

»Im Burgfrieden unseres Marktes müssen Schweine innerhalb von acht Tagen verschwinden!

Auch die sogenannten ›heimlichen Gemächer‹, die außen an die Hauswände angebaut sind, habt ihr sofort abzubrechen!«

Dieses Wort will dem Ratsherrn Prusch nicht einleuchten, und er fragt ziemlich rüde: »Warum das wieder?«

»Dort halten sich die Ratten auf; und die verbreiten die Pest!«

Der Prusch ist nicht faul: »Und wohin soll ich gehn, wenn's mich druckt?«

Diese Frage ist für den geistreichen Weidacher ein – wie man so sagt – »gefundenes Fressen«. Er erklärt sehr laut: »Auf'n Schrannenplatz, damit's jeder sieht!«

Da lachen alle, und der Doktor Geiger setzt noch eins drauf: »Vielleicht bringt dir auch der Bürgermeister ein' Nachttopf und ein' strohenen Arschwisch!«

Über diese Bemerkung entsetzt sich der Prusch: »Pfui Teufel!«

Doch der Arzt redet gleich ganz ernst weiter: »Endlich letztens: Wenn ihr merkt, dass einer unter euch befleckt ist, dann bringt ihn ins Spital, damit ich mich dort um den Armen kümmern kann! – Sonst hätt ich vorläufig nichts zu sagen. Geht heim und richtet alles so, wie sich's gehört! – Behüt euch Gott!«

Der Fall Dr. Geiger

Bitterböse, schlechte Zeiten,
Not und Hunger sich verbreiten.
Doch Herrn Maximilian
Ficht das Leiden gar nicht an.

Und zu schrecklich Krieg und Not
Reiht sich ein der Schwarze Tod,
Schlägt hart mit der Sense zu
Und zwingt dann zu ew'ger Ruh.

Seid nicht böse, auch wenn's kracht!
Menschen sind halt so gemacht.
Doch das ist der Welten Lauf
Und hört ganz von selber auf.

Kaum, dass die Räte des Marktes Rosenheim, die über den Platz dem Rathaus zuschreiten, wahrnehmen, was das junge Paar auf der Schrei-Bank zum Besten gibt. Andere Sorgen quälen sie, als dass sie den beiden zuhören könnten, wie sie mit Spiel und Gesang die bedrückten Bürger ein bisschen abzulenken und aufzuheitern versuchen.

Die Pest hat schwer zugeschlagen im kurfürstlichen Markt Rosenheim. Jeden Tag rollt in diesem Spätsommer 1634 der Pestkarren, stets voll beladen mit Leichen, hinaus zum

Pestfriedhof vor den Toren der Stadt. Der Rat weiß sich nicht mehr zu helfen, wie die fürchterliche Seuche noch einzudämmen wäre. Jede Woche hält der Pfarrer ein feierliches Hochamt zu Ehren des heiligen Sebastian, und beim abendlichen Rosenkranz ist die Kirche stets voll besetzt. Aber auch der Pestheilige und die Mutter Gottes scheinen kein Einsehen mit den Rosenheimern zu haben, und immer mehr Häuser gibt es, die von Fremden nicht mehr betreten werden dürfen, weil sich ein Pestkranker darin befindet.

Doch noch in einem anderen Sinne meint es das Schicksal gar nicht gut mit den Rosenheimern: Ihr Verhältnis zum kurfürstlichen Landesherrn ist gespannt. Daran ist vor allem das sogenannte »Rosenheimer Famosschreiben« schuld, jene Hetzschrift gegen die Politik Maximilians I., die in den ersten Wochen des Bauernaufstandes aufgetaucht war und von der man bei Hofe immer noch glaubt, sie Doktor Geiger aus Rosenheim anlasten zu müssen.

Und akkurat in dieser Sache hat sich jetzt hoher Besuch, unangenehmer Besuch, aus München angesagt: der Rumormeister Graf von Bertoldi und mit ihm Rechtsgelehrte des kurfürstlichen Hofrates, die den hochnotpeinlichen Fall des Rosenheimer doctor medicinae Tobias Geiger genau prüfen wollen.

So versammeln sich an diesem trüben Nachmittag der Bürgermeister, der Aktuar und die Markträte, soweit sie die Pest ungeschoren hat lassen, im Sitzungssaal des Rathauses. Auch der mutmaßliche Delinquent, Doktor Tobias Geiger, ist bereits zugegen. Er sitzt in einer Ecke des Saales und brütet vor sich hin. Auf die Bitte des Bürgermeisters, sich doch mit an den großen Mitteltisch zu setzen, grollt er ihn an: »Ihr solltet Euch um wichtigere Dinge kümmern als um meinen Fall! Oder spielen Krieg, Not und Pest keine Rolle mehr?«

Aber noch ehe der Bürgermeister antworten kann, stürzt ein Amtsdiener in den Saal und ruft laut: »Die Münchner kommen!«

Zugleich dringt von der Außentreppe her das Kratzen der Stiefel und das heftige Disputieren der zufällig vorbeigekommenen Rosenheimer Bürger herauf, die sich den etwas knalligen Aufzug der »Großkopferten« nicht nehmen lassen wollen. So betreten denn die einen wie die anderen gemeinsam den großen Sitzungsraum. Dass dieses Gedränge den Münchnern nicht passt, erkennt man an ihren zuwideren Gesichtern.

Als es einigermaßen ruhig geworden ist, erhebt sich der erste Bürger Rosenheims und spricht: »Unser Markt begrüßt untertänigst die Herren des hochachtbaren Hofrates Seiner Durchlaucht, unseres Landesherrn Maximilian, des Kurfürsten von Bayern!«

»Eviva!«, rufen von hinten her einige und klatschen in die Hände.

Da aber schreit der Doktor: »Gibt es denn zu München nichts Bedrohlicheres mehr als den Fall eines Landarztes?«

Nun tritt – wie wenn er nur darauf gewartet hätte – der Graf Bertoldi ans Rednerpult: »Wir bitten den Herrn Doktor Geiger, nur dann das Wort zu ergreifen, wenn er gefragt wird!«

Geiger erwidert indes noch lauter: »Gut! Aber ich lass mich nicht kleinkriegen, und einen krummen Buckel mach ich Euch auch nicht!«

Darauf der Aktuar: »Herr Doktor Geiger! Ihr wisst doch, dass alle hier nur ihre Pflicht erfüllen. Warum sollten wir uns diese Aufgabe gegenseitig erschweren?«

Fast abfällig entgegnet darauf der Doktor: »Die Herren und unser Kurfürst brauchen mich ja nur in Ruhe zu lassen!«

Einer der Hofräte erhebt sich: »Das können wir nicht! Angesichts dieses Schreibens hier an den kurfürstlichen Herrn Generalwachtmeister von Lindelo zu Wasserburg können wir's nicht! Ein Schreiben ohne Absender, aber mit Indizien!«

Aber der Doktor geifert weiter: »Was interessiert mich Eure Korrespondenz? Euer Kommen ist eine Schande!«

Ein zweiter Hofrat mischt sich ein: »Doktor Geiger, lasst uns doch wenigstens erst einmal zu Wort kommen!«

Der Doktor: »Bitte, wenn Ihr's nicht lassen könnt!«

Der Rumormeister steht immer noch am Rednerpult und ereifert sich jetzt: »Dieses Schreiben ist eine Schmähschrift, zwar gerichtet an den Kommandanten zu Wasserburg, an Timo von Lindelo, aber gemeint ist unser Herr Kurfürst Maximilian. Seine Politik wird angeprangert: Dass unsere Bauern in Elend leben, wird ihm zur Last gelegt.«

Und der erste Hofrat beginnt zu lesen.

»Ich zitiere: ›Also sollst du wissen, Wachtmeister Lindelo: Wir haben gegenwärtig drei Feinde, von denen der Kurfürst der größte ist! Seine Hoffart und sein Geiz haben uns in den erbärmlichsten Zustand gebracht, den der Bauer überhaupt erleiden kann. – Der zweite Feind ist die ganze Soldateska zu Ross und zu Fuß, lauter ehrlose Leut, ärger als die Straßenräuber. Der gottlose Kurfürst quartiert sie bei uns ein gegen Ehr und Recht, gegen christliche Nächstenliebe, gegen die Regeln der zehn Gebote, weil er sie selber nicht bezahlen will. Seine Soldaten verhalten sich wie Straßenräuber und Bösewichte. Aber wir werden sie verfolgen und zu Tode schlagen, wann immer wir ihrer ansichtig werden. Und du, Kommandant Lindelo, sollst mit deinen losen Kerlen, deinen Jagern, der erste sein! So ein Paternosterknechtl wie du hat uns gerade noch gefehlt!‹«

Wieder schaltet sich der Rumormeister dazwischen mit der Behauptung: »Alle, die dieses ›Rosenheimer Famosschreiben‹ gelesen haben – auch unser gestrenger Herr Kurfürst! –, sagen: Solche Rede führt nur der Doktor Tobias Geiger!«

Der aber fährt auf: »Beweise, meine Herren, nicht bloß geistlose Behauptungen!«

»Sollt Ihr gleich hören, geschätzter Doktor!«, erwidert der Graf Bertoldi. »Aber Ihr redet ja immer wieder dazwischen …«

»Nun, dann halt Er endlich seine Gosch'n!«, donnert der zweite Hofrat. Darauf zieht sich der Arzt in den Hintergrund zurück, und dieser zweite Hofrat beginnt zu argumentieren:

»Zuvörderst steht fest: Das Schreiben ist mit Sicherheit von Rosenheim ausgegangen. Dafür zwei Beweise: Erstens, das Wasserzeichen des Briefes stimmt mit jenem Papier überein, dessen sich Herr Doktor Geiger zu bedienen pflegt …«

Darauf schreit der Arzt von hinten: »Wenn das alles ist, Ihr edlen Herren, dann steht Euer Vorwurf auf tönernen Füßen. Glaubt Ihr denn ernsthaft, dass nur ich Papier mit diesem Zeichen verwende? Fragt doch die Papierschöpfer, an wen allen sie dies Papier verkauft haben! Möglicherweise sogar an Euch selber!«

Da erhebt sich im Saale ein mächtiges Geschrei. Die Hofräte sind erregt bis ins Letzte, und die Markträte betroffen wie Pudelhunde, die man mit Wasser begossen hat. Der Aktuarius versucht, die Ruhe wiederherzustellen, und ruft über die Köpfe weg: »Doktor Geiger, ich bitt Euch, die Verhandlung nicht ungebührlich zu unterbrechen!«

Und der Rumormeister gibt dem zweiten Hofrat ein Zeichen zum Weiterreden; der fährt fort:

»Zweiter Beweis: Unser Doktor Geiger war ausgerechnet zu dem Zeitpunkte, als das Famosschreiben erschien, angeblich aus beruflichen Gründen aus Rosenheim verschwunden. Das Schreiben datiert vom 13. Dezember 1633.«

Und wieder fährt der Doktor auf: »Na und? Ist es denn einem Arzt, der auf Stein-, Bruch- und Staroperationen spezialisiert ist, verboten, den Markt zu verlassen? Ein Arzt geht dorthin, wo er gebraucht wird. Nicht nur hier im Markte gibt es Kranke, sondern auch drüben im Tirol!«

Darauf der Rumormeister: »Mein lieber Freund, das sind freilich seltene Zufälle!« Und er macht mit beiden hochgehobenen Händen eine fragende Geste.

Der erste Hofrat aber liest im Famosschreiben weiter:

»Wir wollen dich, Lindelo, hiermit gewarnt haben. Lass ab, sonst werden wir dir, du Badhurer und Paternosterknecht, alles aufrechnen! Wir wissen wohl, wie es bei den raffenden Raubvögeln in München und anderswo zugeht; und wir sind überzeugt, dass es unter solchen

Umständen in unserem Bayernland weder Glück noch Segen noch Heil geben kann!«

Triumphierend unterbricht der Rumormeister den Lesenden noch einmal: »Das ist genau die Ausdrucksweise unseres Herrn Doktor Geiger – Badhurer, Paternosterknecht, raffende Raubvögel – Worte aus seinem Munde! – Doch hören wir weiter!«

Der erste Hofrat fährt mit seinem Ärmel an die Mundwinkel und wischt sich den Schaum ab.

»Wir fürchten uns auch nicht vor Drohungen, die Ihr gegen uns verwendet; denn wer allein schon an Drohungen stirbt, den soll man mit Eselsfürzen zu Grabe tragen!« Der zweite Hofrat blickt böse in die Runde und tobt: »Genau das ist seine hitzige und bissige Art, seine Gewohnheit, der Obrigkeit und anderen Leuten spöttisch und gemein nachzumaulen!«

Und der erste Hofrat ergänzt: »Genau! Bei unserem Herrn Hofapotheker in München, der übrigens sein Schwiegersohn ist, hat er oft giftgeschwollne Reden geführt.«

»Öha!«, erwidert der Doktor. »Da habt Ihr wohl sogar meinen Schwiegersohn Malachias befragt, um ihn gegen mich ins Feld zu schicken? – Und was hat er Euch gesagt?«

Der Rumormeister: »Nicht viel! Doch zuerst seid Ihr selber dran. Wenn Ihr Euch nämlich weiterhin so störrisch anstellt, werdet Ihr meines Erachtens bald reden müssen; das hochnotpeinliche Verhör kann Euch dann keiner ersparen.«

Souverän antwortet der Arzt: »Bei Tortur und Pein, bei Daumenschrauben und Fingernagelklemmen gibt's nur falsche Aussagen; das wisst Ihr so gut wie ich!«

»Aber wir können es uns nicht bieten lassen, dass Ihr die

Bauern aufgehetzt habt gegen unseren Kurfürsten. Euret-
wegen standen Tausende von ihnen mit Dreschflegel
und Mistgabel bereit … Für den Bauernaufstand am Inn
wart Ihr mitverantwortlich.«

»Gut gesagt, Herr Rumormeister! Aber die Schuld tragen
doch in Wirklichkeit diejenigen, die den Aufstand provo-
ziert haben! Warum haben sich die Soldaten so ungebührlich verhalten? Warum ließ der Kurfürst das zu? Ich
werde jetzt beschuldigt, als Sündenbock hingestellt, nur
weil Eure Ordnung damals nicht gestimmt hat – und
auch heute noch nicht stimmt.«

»Doktor Geiger, nehmt Euch in Acht! Unsere Ordnung
stimmt, doch Euer Verhalten passt nicht dazu! Um zu ergründen, warum das so ist, sind wir von Seiner Durchlaucht beauftragt, an Ort und Stelle zu untersuchen.«

Darauf der Arzt: »Falsch! Ganz falsch! Die Münchner Hof-
herren sind nicht nach Rosenheim gereist, um über meinen ›hochnotpeinlichen Fall‹ zu beraten, sondern weil sie
Angst haben, in München könnte sie die Pest erwischen;
unser Rosenheim schien ihnen sicherer zu sein! Aber da
haben sie sich getäuscht! Auch uns hat der Schwarze Tod
eingeholt! Seht hin!«

Dabei deutet der Doktor zum Fenster hinaus, wo gerade
der Pestkarren vorbeirumpelt, von einem klapprigen
Gaul gezogen und von Knechten begleitet.

Bei diesem Anblick werden die Hofräte unruhig, und der
Rumormeister wendet sich entsetzt an das Marktoberhaupt: »Herr, wir bitten Euch um Schutz vor dieser leidi-

gen Infektion! – Die Beweisaufnahme ist geschlossen. Wir haben alles erfahren. Wir müssen heute noch weiter. Es gilt noch andere wichtige Casus zu verhandeln. Sehr wichtige Casus. Ihr versteht, über mangelnde Arbeit brauchen wir uns nicht zu beklagen.«

Gelassen gibt der Bürgermeister seine Anweisungen, ohne sich um den Rumormeister zu kümmern: »Die Männer unseres Marktrates werden um die Sicherheit Eurer Exzellenz besorgt sein!« – und an den Weidacher gewandt: »Du bist verantwortlich! Sieh zu, dass sie schnell weiterkommen!«

Die Hofräte werden nun von den Markträten begleitet. Alles geschieht sehr rasch. Doktor Geiger steht da wie ein Prophet.

Er kehrt sich dem Aktuar zu: »Schaut, so sind sie! Ein erbärmliches Pack! Vor wenigen Augenblicken hätten sie mich am liebsten noch bei lebendigem Leib zerrissen, jetzt sind sie fort und dahin und verhandeln an sicherem Ort ›noch wichtigere Casus‹! Oh ihr armseligen Speilhobler und Pflastertreter! Die Hauptsache, ihr habt einen, den ihr stellvertretend dem Schwarzen Tod entgegenschicken könnt! Pfui Teufel!«

Er spuckt aus und verlässt wütend den Saal.

Lieber Besuch

Tage später fährt bei dem Amtshause des Doktors eine Nobelkutsche vor. Und gerade als er, von einem Krankenbesuch kommend, in seine Gasse einbiegt, gewahrt er, wie seine in München verheiratete Tochter Rachel den Wagen verlässt. Er beeilt sich und kommt gerade noch zurecht, die vornehme Dame zu hindern, den Glockenstrang an seiner Gartentür ziehen zu müssen. Dann sinken sie einander in die Arme.

Drauf schaut er sie fast verliebt an: »Es ist schön, mein Kind, dich wieder einmal in Rosenheim zu haben. Du fehlst mir sehr, seit ich vor zwei Jahren München verlassen habe. Wie geht es deinem Mann?«

»Es geht, Vater! Der Malachias lässt dich grüßen!«

»Du bist so zurückhaltend, Rachel!«

»Vater, ich mag gern an deiner Seite sein hier in Rosenheim. Aber diesmal quälen mich Angst und Sorge um dich und unsere Zukunft.«

Er hakt sich bei ihr unter, sperrt die Tür auf, ergreift ihre Hand, und gemeinsam betreten sie das Vestibül, wo die Haushälterin bereits ein Licht angezündet hat: »Aber Kind, was kann denn dich da quälen?«

»Vater, am Hofe spricht man nicht gut von dir. Es heißt, du hast Sympathien für die rebellischen Bauern gezeigt und greifst die Ordnung an im Lande.«

Der Doktor hebt die Schultern: »Ich weiß, das sind

die üblichen Verleumdungen. Man kann sich nicht wehren dagegen.«

Rachel faltet die Hände: »Vater, du musst vorsichtig sein! Hör auf damit! Wir brauchen dich, Malachias und ich. Lass deine Reden!«

»Rachel, ich hab's nicht mit den Bauern gehabt und hab's auch weiter nicht. Glaub mir, Kind! Ihre Art aufzubegehren hat auch mir nicht gefallen.«

Die junge Frau erwidert: »Am Hofe aber sieht man's anders, Vater! Es heißt, der Kurfürst lässt dich bereits überwachen. Auch uns hat man schon befragt durch den Hofrat.«

»Ich weiß, der Hofrat hat mir's schon berichtet bei seiner schmählichen Vorstellung hier im Markt.«

Rachel ist entsetzt: »Sie waren schon hier? Dann stimmt's doch, Vater!«

»Es stimmt nur, dass sie hier waren, vor ein paar Tagen!«

»Ich fürcht mich vor der Zukunft, Vater! Der Malachias ist ganz verstört; was sollen wir denn sagen, wenn sie uns wieder mit Fragen bedrängen?«

Der Arzt darauf, fast mit einer Art von heldischer Gebärde: »Sagt, wie es ist, du und dein Mann! Sagt, dass ihr nichts wisst! Sie werden euch dann in Ruhe lassen. Sie sollen *mich* befragen! Ich stehe jedem Red und Antwort.«

Da fällt die Tochter dem Vater um den Hals: »Ich bitt dich, Vater, im Namen unserer toten Mutter: Halt ein!«

»Kind, lass die Mutter aus dem Spiel!«

»Warum fällt den Leuten stets dein Name ein, wenn die Rede aufs Rosenheimer Famosschreiben kommt?«

Der Arzt grinst bedächtig: »Vielleicht hätten's manche am

Hofe gern, wenn meine Unterschrift unter dem Schreiben stünde. Es ist aber nicht so!«

Die Tochter mit fast flehender Stimme: »Ob mit oder ohne Unterschrift: Das Schreiben schadet uns! Der Malachias ist Hofapotheker. Dass er's wurde, ist nicht zuletzt dein Verdienst. Du hast es ihm ermöglicht. Du weißt auch: Der Apotheker liegt dem Kurfürsten ebenso am Herzen wie sein Beichtvater oder sein Leibarzt. Wenn wir keinen guten Leumund haben, so verlieren wir das Recht, die Hofapotheke zu führen.«

»Der Kurfürst wird euch nichts anhaben! Zuerst muss er mir nachweisen, was als Vorwurf im Raume steht.«

Doch die Tochter insistiert: »So was werden die Herren am Hofe schnell heraushaben. Der Schatten, der auf dich fällt, hat auch uns schon erreicht. Lass deine Reden, gegen wen auch immer du sie führst!«

Wieder streckt sich der alte Mann und legt der Tochter die Hand auf den Arm: »Du weißt, mein Kind, ich halt nicht hinterm Berg. Was ich denk und fühl: Es muss raus aus mir! Was Unrecht ist, muss Unrecht genannt werden!«

»Also doch, Vater!«

»Nicht so, wie du denkst!«

»Überspann den Bogen nicht, Vater! Johann Adlzreiter, dein Freund aus Rosenheimer Kindertagen, war vor kurzem in der Apotheke. Er hat berichtet, dass der Hofrat sogar schon ein peinliches Verhör erwägt. Er sagte, wir sollen dich warnen.«

»Dann in Gottes Namen! Sollen sie mir doch Daumenschrauben anlegen, so viel sie wollen!«

»Du hast viele Freunde am Hofe, selbst der Kurfürst kann

dich noch leiden. Aber wenn du die Raison verletzt, lässt er dich fallen.«

»Du sprichst wie deine Mutter – Gott hab sie selig! Doch auch sie hat mich nicht halten können.«

»Ich weiß, Vater, dass du oft nicht zu halten bist. Aber denk an mich und an den Malachias! Und noch eins« – jetzt schmiegt sich die junge Frau wie ein verliebtes Dirnlein an den Hals des alten Mannes und errötet – »liebster Vater, ich trag ein Kind von ihm unter meinem Herzen …«

»Ist's wahr?«

»Ja, Vater, ich mag den Malachias nicht verlieren, und auch das Kind nicht!«

Nun legt er sein weiß behaartes Haupt an ihr Gesicht: »Lass gut sein, Tochter! Fahr zurück nach München! Sagt, ihr wisst von nichts! Und halt dich an den Johann Adlzreiter! Er ist einflussreich am Hofe und mir gewogen!«

Kaum haben sie die Wohnstube betreten, schellt die Glocke, und von draußen hört man den Torknecht Hilgmaier schreien: »Doktor, ein Tross kommt vom Tor her. Seine Exzellenz, der Kriegskommissar Audomar von Wolkenstein, direkt aus München! Im Rathaus will er Euch treffen.«

Der Doktor sagt mit Bedauern zu seiner Tochter: »So geht's dem, der ins Gestrüpp der Verwaltung geraten ist. Er hat nicht einmal Zeit für sein Kind!«

Rachel erwidert: »Pass auf dich auf, Vater!«

»Schon gut! Grüß mir den Malachias und seine Eltern! Ich hau mich schon heraus. Der alte Geiger geht nicht unter!«

Vor dem Kriegskommissar

Vor dem Rathaus ist mit viel Gepränge der Münchner Kriegskommissar Audomar von Wolkenstein einem Vierspänner entstiegen. Der Bürgermeister, der Aktuar und einige der Räte drängen sich zum Empfang heran; auch Volk ist in der Nähe. Der von Wolkenstein hält sich, wenn er nicht redet, einen weißen Schal vor Mund und Nase. In seiner Begleitung sind der Obrist Khinig und einige seiner Soldaten.

Der Bürgermeister begrüßt ihn mit gezwungen wirkender Feierlichkeit: »Rosenheim heißt untertänigst Seine Exzellenz, den Herrn Kriegskommissar Audomar von Wolkenstein, willkommen! – Wir bitten aber um Verzeihung, dass wir nicht vorbereitet sind. Von keiner Seite ist uns ein Aviso zugegangen!«

Der von Wolkenstein entgegnet: »Lasst es gut sein, Bürgermeister! So war es geplant. Unser durchläuchtigster Herr Kurfürst Maximilian hat *propter gravitatem rei* befohlen, Euch zu überfallen.«

»Dann, Exzellenz«, erwidert der Bürgermeister, während sie dem Rathaus zugehen, »ist Euch der Überfall – weiß Gott! – gelungen. Darf ich nach dem Grunde fragen?«

Der von Wolkenstein hustet leicht ab und spricht: »Es ist uns vorgegeben worden, einen Casus in Eurem Markte zu klären: den Fall des Doktor Tobias Geiger. – Wo ist er, dieser Geiger?«

Der Bürgermeister erklärt dienstbeflissen: »Mit Verlaub, Exzellenz, ich lass ihn holen. Er ist sicher bei der Krankenpflege. Mehr als fünfhundert Tote hat unser Markt nun schon zu beklagen. Fast die Hälfte unserer Bürgerschaft hat der schwarze Tod hinweggerafft. Gott hab sie selig!«

»Das ist bedauerlich! Doch damit müsst ihr selber fertig werden.«

Der Bürgermeister wendet sich an den Torknecht Hell: »Hol den Doktor Geiger. Sofort!«

Als die Gruppe im Sitzungssaal angelangt ist, meldet sich der Prack zu Wort: »Verzeihen, Exzellenz, der Fall Doktor Geiger, ist er nicht schon abgeschlossen durch die kürzlich erfolgte Vernehmung vor dem Hofrat?«

Der noble Herr macht ein etwas sauertöpfisches Gesicht: »Die Herren Hofräte scheinen nicht umfassend eruiert zu haben. Es ging sehr schnell, zu schnell! Vieles ist noch ungereimt.«

Der Bürgermeister: »Wie, Exzellenz? Konnte Doktor Geiger nicht nachweisen, dass er unschuldig ist am Famosschreiben?«

»Beginnt die Prozedur von vorn?«, fragt der Peer.

»Die Frage ist berechtigt, Exzellenz!«, bestätigt der Bürgermeister. »Denn die Herren Hofräte haben den Doktor Geiger vernommen, der Bauernaufstand ist schon lange blutig niedergeschlagen. Viele hundert Tote hat's gegeben unter den Aufständischen, und die Rädelsführer hat man hingerichtet. Warum dann das Ganze?«

Als ob er dieses »Ganze« wegwischen wollte, antwortet der von Wolkenstein: »Unser Kurfürst ruft nach nochmaliger Bestätigung der Fakten. Wir brauchen Klarheit über

Doktor Geiger! Es scheint, nicht alle Rädelsführer hat man erwischt, besonders jene nicht, die aus zweiter Reihe schossen. Ob Doktor Geiger ein solcher war, gilt's zu ergründen.«

Ein bisschen schwerfällig, wie es so seine Art ist, kommt nun der Doktor zur Tür herein.

Der Herr von Wolkenstein begrüßt ihn freundlich: »Ah, Doktor Geiger! Pünktlicher könnte es ja gar nicht gehen!«

Darauf der Doktor: »Ich bin pünktlich, wenn ich gerufen werde. Mit Verlaub, ich stamme auch nicht aus dem Tirol wie Ihr! Komm ich heut nicht, komm ich morgen, heißt's doch bei euch – oder irre ich mich?«

Der von Wolkenstein ist pikiert: »Oh, Herr Doktor verstehen keinen Spaß!«

»Zur rechten Zeit schon!«

Der von Wolkenstein wechselt den Tonfall: »Dann also anders! – Ihr habt Euch seinerzeit zum Anwalt der aufständischen Bauern erklärt.«

»Anwalt? – Nein, das hab ich nicht! Ich bin Mediziner, kein Jurist!«

»Keine Haarspaltereien, bitte! Ihr habt gutgeheißen, dass die aufständischen Bauern in ihrem eigenen Landesherrn, unserem Kurfürsten, den schlimmsten Feind sahen?«

»Bedingt, verehrter Kriegskommissarius, bedingt! Hört jetzt bitte genau auf das, was ich sage:

Wenn wir feststellen, der Bauernaufstand sei ein Aufstand gegen die Einquartierung, nicht aber gegen die Regierung gewesen – dann mag das seine Richtigkeit haben; oder wenn wir feststellen, der Bauernaufstand habe sich nicht gegen unseren Kurfürsten, sondern hauptsächlich gegen die drückenden Quartierlasten und die maßlosen Ausschreitungen der Einquartierten gerichtet – dann mag auch das seine Richtigkeit haben; oder wenn wir feststellen, der Bauernaufstand habe sich weniger gegen den Kurfürsten Maximilian als gegen die wüste Soldateska gerichtet – dann mag das alles vordergründig richtig sein – aber! Dann ist auch unser Herr Kurfürst an allem schuld, weil er als Landesherr die letzte Verantwortung trägt für das Verhalten seiner Soldaten, zumindest der bayerischen! Und dieser Verantwortung kann und darf er sich nicht entziehen! Das will er aber! Und dagegen verwahre ich mich.«

Der von Wolkenstein zuckt mit den Achseln: »Eure Rede ist kühn, Doktor Geiger! Man hat wohl richtig vermutet, dass Ihr an der Schraube zum Aufstand mitgedreht habt!«

Der Doktor entgegnet grimmig: »Ich hab nicht gedreht!«

Da meint der Bürgermeister: »Tobias Geiger, haltet ein! Wollt Ihr Euch selber an den Galgen liefern?«

Es tritt eine Pause ein. Darauf beginnt der von Wolkenstein: »Doktor Tobias Geiger ...«

Doch der Doktor unterbricht ihn: »Verzeiht, Herr Kriegskommissar, wenn ich Euch wieder unterbreche! Aber ich muss auch unseren Städten und Märkten eine Mitschuld bescheinigen, dass sie aus purer Feigheit den Herrn Kurfürsten von dem verbrecherischen Tun seiner einquartierten Soldaten nicht zeitgerecht unterrichtet und somit abgehalten haben. So! Und jetzt übergebt mich dem Henker!«

Mit gekonnter Mäßigung antwortet der von Wolkenstein:

»Mit dem Scharfrichter bin ich nicht so schnell zur Hand; ich habe nur zu untersuchen. – Obrist Khinig, nehmt den Doktor in Verwahrung! Wir setzen die Vernehmung später fort!«

Der Angesprochene entfernt sich mit dem Arzt; Herr von Wolkenstein aber fährt in seiner Rede fort: »Und nun zu Euch, Herr Bürgermeister, meine Herren Markträte! Leider habe ich Euch noch ein hartes Wort unseres kurfürstlichen Herrn zu verkünden. Ich habe in seinem Auftrag zu befehlen, strengstens zu befehlen, die Innbrücke sofort abzuwerfen!«

Der Bürgermeister greift sich ans Hirn: »Das kann ich nicht gehört haben!«

»Verzeiht mir, aber das ist heller Wahnsinn!«, pflichtet der Aktuar bei.

Der Peer: »Ist denn der Kurfürst verrückt geworden? Die Brücke abreißen, das wäre Rosenheims Untergang! Damit wäre doch der Fluchtweg der scharenweise aus München fliehenden Leut versperrt!«

Der von Wolkenstein macht einen leichten Buckel.

Der Weidacher versucht einzulenken: »Da könnte man sich doch vorläufig mit dem Abwerfen des einen oder anderen Brückenjochs begnügen – wenigstens bis zur Zeit einer wirklichen Gefahr!«

»Und was ist mit den Brunnenröhren, die auf der Brücke liegen und das Wasser in den Markt bringen?«

Jetzt stellt sich aber der von Wolkenstein gewissermaßen auf die Hinterbeine: »Nichts da! Eine Notfähre wird es auch tun! Soldaten zu deren Bewachung habe ich mitgebracht. – Und was die Brunnenröhren betrifft, so werdet Ihr die natürlich auch abreißen müssen!«

Da wird aber der Peer pelzig: »Also dürfen wir alle zu Grunde gehen! Denn Rosenheim selbst hat kein gutes Wasser, alles ist brackig und modrig. Bürgermeister, tu doch was! Oder willst du mit ansehen, wie's mit uns dahingeht? Sag ihm doch, dass ohne Brücke und Brunnenröhren der Markt stirbt!«

»Willst du dich gegen die Anweisung des Kurfürsten stellen?«, fragt der Bürgermeister.

Da flötet der Prusch: »Oh mei, oh mei! Wie soll denn das noch weitergehen?«

Doch der Bürgermeister fährt ihm das Wort hin: »Prusch, lass jetzt dein Lamento!«

Der von Wolkenstein erwidert sachlich: »Also Hand aufs Herz! – Ihr Rosenheimer seid lange genug von den großen Wirren des Krieges verschont geblieben, und jetzt, wo uns die Schweden auf den Leib rücken, wollt ihr ausigrasen! Von vaterländischer Gesinnung steht da nicht viel drin!«

Während der noble Herr die Wucht seines Vorwurfs genießt, wendet sich der Prack mit verschmitztem Gesicht an ihn: »Nur noch eine beiläufige Frage an Euch: Ob denn wohl die Kisten mit dem herrschaftlichen Tafelsilber in Braunau gut angekommen sind …?«

»Leider nein!«, entgegnet der von Wolkenstein. »Die Schiffsleut sind betrunken gewesen und haben zu Mühldorf einen Brückenpfeiler gerammt. Alles ging übers Schiff, und nichts hat man bis dato gefunden. Lassen wir's! Versorgt meinen Wagen und die Begleitung und führt mich jetzt zu Doktor Geiger! Mein Bericht an den Kurfürsten eilt und bedarf noch mancher Klarstellung! – Ich danke euch, meine Herren Räte!«

Sie gehen in verschiedene Richtungen ab …

Wieder sind einige Tage vergangen. Der September meint es noch einmal ausgesprochen gut mit den Rosenheimern, und den jungen Burschen, die gerade auf das Inntor zuschreiten, läuft der Schweiß in Strömen von der Stirn. Ihre mühselige Arbeit, die sie auf allerhöchstes Geheiß auszuführen hatten, ist vollendet: Wo vor kurzem noch die Rosenheimer Innbrücke den Fluss überspannt hat, ragen jetzt nur noch einige Trümmer aus dem reißenden, graugrünen Wasser.

Die kleine Schar hat soeben die Stadt betreten, als von drüben, vom Markt her, ein Trompetensignal erschallt. Sie kommen gerade noch zurecht, um mithören zu können, was ein Bote von der Schrei-Bank herab verkündet:

»Ihr Bürger von Rosenheim! Im Namen unseres allerdurchläuchtigsten Herrn, des Kurfürsten Maximilian, haben wir euch folgendes zu verkünden: Unsere Truppen haben Seite an Seite mit unseren Verbündeten den Schwedenhaufen bei Nördlingen erwischt und vernichtend geschlagen. Sie sind dabei, die letzten versprengten Reste des Feindes aus dem Lande zu treiben. Der Mutter Gottes sei Dank für die Befreiung unseres Bayernlandes!«

Jubel erhebt sich unter den Bürgern, die sich auf dem Platze versammelt haben. Nur unsere fleißigen Handwerker schauen ein wenig finster drein. Lakonisch redet einer seinen Nebenmann an: »Girgl, ich mein, da haben wir uns umsonst 'plagt!«

EIN WIEDERSEHEN

Fürwahr, die Zeit ist schnell vergangen – so denkt der Aktuar, während er an den letzten Bissen seines Frühstücks kaut. Damals, als die Schweden zum ersten Mal in Bayern eingefallen sind und als die Pest fast die Hälfte der Rosenheimer Bürgerschaft ausgelöscht hat, hätte er sich nicht vorstellen können, er werde einst als fast Fünfzigjähriger immer noch dem kurfürstlichen Markte Rosenheim als Aktuar treue Dienste leisten. Aber er ist in irgendeiner Weise mit diesem Ort verwachsen, und er könnte sich nicht vorstellen, freiwillig von hier wegzugehen.

Er wischt sein Messer an einem Stofffetzen sauber und legt es zurück in den Kasten. Wenigstens ein Trumm soll auf seinem Platz sein! Ansonsten ist ohnehin genug Unordnung in der engen Stube. Es tut langsam kein gut mehr, denkt er, in diesem Alter immer noch allein zu hausen. Eine Frau täte bitter Not. Aber wer sollte sich mit ihm jetzt noch einlassen?

Als er noch jung gewesen war, hatte alles noch etwas anders ausgesehen. Er lächelt ein wenig wehmütig. Da hat es so manche gegeben, die ihm gut gewesen war. Da hatte er sich – weiß Gott! – auch nicht scheu oder abstinenzlerisch verhalten. Ans Heiraten freilich hat er damals nie gedacht, und bei manchen ist er schon als leichtsinniger Kerl verschrien gewesen. Er selbst sieht die

Sache lieber so, wie man die eigene Person eben gern sieht – seine einzige und wahre Liebe, sagt er sich, von der er immer geträumt hat, ist ihm ja nie begegnet. – Oder ist es ihm nur ergangen wie dem Esel, der zwischen den Heubüscheln verhungert ist, weil er sich nicht entscheiden konnte, von welchem er fressen sollte? Heute, wo sein Haar grau geworden ist, ist wahrscheinlich eh alles zu spät …

Ja, alt und grau geworden sind sie alle, die damals die Größen in Rosenheim gewesen sind. Aber etliche von ihnen haben sich's nicht verdrießen lassen und meinen immer noch mitstricken zu müssen an den Geschicken des kurfürstlichen Marktes. Und auch Doktor Geiger lebt noch. Sie haben ihn damals, nach dem Verhör, wieder freigelassen, allerdings weiß bis heute keiner, ob er damit vor dem strengen Auge des Gesetzes und des Kurfürsten als tatsächlich schuldlos gelten kann …

Der Bürgermeister ist ebenfalls immer noch derselbe, Hanns Pichlmayr, dessen Entscheidungen ihn gewiss manches Mal aufgebracht haben, aber dem er jetzt, im Nachhinein, bescheinigen muss: Er hat Rosenheim recht geschickt durch diese schwierigen Zeiten gesteuert.

Schwierig sind die Zeiten allerdings noch immer. Eine ganze Generation ist nun schon herangewachsen, die nichts anderes kennengelernt hat als den Krieg. Meinte man damals, anno 34 und 35, das große Schlachten wäre nun zu Ende, so sah man sich alsbald getäuscht. Die Franzosen waren es gewesen, die sich damals plötzlich auf die Seite der Schweden gestellt und damit dem Waffengang neuen Schwung verliehen hatten.

Und so steht jetzt, im Jahre 1647, wieder der Schwede vor

der Tür, nachdem der Markt vorher über ein Jahrzehnt lang von direkter Feindeinwirkung verschont geblieben war. Wieder hat der Kurfürst Schutztruppen im Markt und in der Umgebung einquartiert, wieder hat er angeordnet, dass die notdürftig wiederhergestellte Innbrücke abgerissen werden muss, und wieder ist den Rosenheimern nichts anderes übrig geblieben, als seine Befehle treulich auszuführen.

Es wird Zeit, dass sich Mathias Ankhner zum Rathaus aufmacht. Einige wichtige Fälle müssen am heutigen Tag verhandelt werden.

Er tritt hinaus in die würzige Luft eines milden Vorfrühlingstages. Ein Tag, über den man sich von ganzem Herzen freuen könnte – wenn nicht Krieg wäre und es keine Einquartierungen und keine allzu merkwürdigen allerhöchsten Befehle gäbe.

Der Bürgermeister und einige seiner Räte sind auch heute wieder auf ihrem Weg zum Rathaus von einer Menge erregter Bürger geradezu eingekesselt worden – bei Gott nicht zum ersten Mal in diesen Monaten der erneuten Schwedengefahr. Viel fremdes Volk, Flüchtige und Bauern sind auch darunter.

Der Schiffmeister Stockhinger ist gerade an das Marktoberhaupt herangetreten: »Bürgermeister, was soll ich mit dem ganzen fremden Volk? Sie wollen über den Inn ins Salzburgische und können nicht hinüber, weil der Notsteg, den wir nach der Zerstörung der Brücke mühselig aufgebaut haben, auf Befehl des Kurfürsten wieder abgerissen wurde: zum zweiten Mal kein Übergang über den Inn!«

Nicht ohne Schadenfreude quittiert der Peer: »Ich hab's immer gesagt: Reißt die Brücke nicht ab! Aber du, Bürgermeister, und ihr anderen habt den Schwanz eingezogen. Bloß weil's dem Herrn Kurfürsten so gefällt! Schon anno 34, als sie die Brücke zum ersten Mal weggerissen haben, hätten wir uns zur Wehr setzen sollen!«

»Sei still, Peer! Wir haben doch noch die Fähre!«, knurrt der Aktuar beschwichtigend; der Schiffmeister aber fährt ihm übers Maul: »Was willst mit der Fähre? Die vielen Menschen, das Vieh, die Wagen! In alle Ewigkeit wirst nicht fertig mit dem Übersetzen!«

Darauf der Weidacher: »Und es werden immer mehr. Von überall kommens nach Rosenheim, weils glauben, die Brücke sei ein brauchbarer Übergang.«

Der Prusch gibt, wie immer etwas naiv, auch noch seinen Senf dazu: »Statt dass er uns in Ruhe lässt, der Kurfürst, schickt er uns auch noch Brückenwachen. Wo wir doch gar keine Brücke mehr haben …«

Der Schiffmeister Stockhinger pflichtet ihm bei und plustert sich auf wie ein feister Truthahn: »Lauter Schmarotzer! Diesmal sind's die Greizerischen Dragoner. Mehr als hundert Soldaten hab ich gezählt.«

»Die haben gestern beim Brückenwirt so gehaust, dass sie dem Wirt, wie er sie zur Ruhe hat zwingen wollen, den Schädel blutig geschlagen haben!«, weiß der Peer zu berichten.

Ergänzend meint der Schiffmeister: »Sieben von meinen Leuten sind schon blessiert. Und ihr Fähnleinführer, der Feldhauptmann Siegmund Soller, ist der Schlimmste von allen. Der schaut zu und lacht. – Ihr solltet Euch einmal bei Hofe zu München beschweren.«

»Du bist gut!«, erwidert darauf der Bürgermeister. »Wie oft haben wir schon an den Kurfürsten geschrieben mit der Bitte um Abhilfe! Das geht doch schon seit Jahren so, dass sie uns immer wieder Schutztruppen schicken, die dann unsere Bürgerschaft in Angst und Schrecken versetzen.«

»Ich hab noch nichts von einer Beschwerde gehört!«, erwidert ihm der Schiffmeister.

Der Aktuar glaubt seinen Bürgermeister in Schutz nehmen zu müssen und entgegnet: »Du musst ja auch ned alles wissen! Kümmer dich lieber um die Notfähre, wenn's überhaupt noch einen Sinn hat!«

»Freilich kümmer ich mich! Aber mich interessiert auch, was im Rat geschieht. Schließlich bin auch ich betroffen. Meine ganze Schiffmeisterei habens schon z'sammg'haut draußen an der Innlände, diese Soldaten!«

Der Weidacher zuckt resigniert mit den Achseln: »Ich hab jetzt auch mein Weib und meine Dirndln beim Müller droben an der Mangfall versteckt.«

Und wieder der Peer: »Es ist eine Schand, wie sich unsere bayerischen Soldaten aufführen. Pfui Teufel!«

Der Schiffmeister schlägt einen belehrenden Ton an: »Ihr hättet die Brücke nicht abreißen sollen, dann gäb's jetzt kein Lamento!«

»Ihr wisst ganz genau«, erwidert der Prack, »dass der Kurfürst nicht lange fackelt, wenn sich einer gegen seine Befehle stellt. Du als vom Kurfürsten eingesetzter Schiffmeister solltest das doch erst recht wissen.«

»Ich brauch keine Belehrung! Trotzdem aber braucht's manchmal Widerstand!«

Der Aktuar versucht die Gemüter zu beruhigen und klärt die Umstehenden auf: »Der Rat hat vor zwei Wochen wieder ein Beschwerdeschreiben abgesandt, des Inhalts, dass er sich entschieden gegen die unnütze Hilfe der Soldaten richte, und er hat ferner bemerkt, dass die Rosenheimer ihre Fähre noch immer selbst bewachen können. Aber das Schreiben nützt ja doch wieder nix! Wisst ihr, was uns die wieder unter die Nase reiben? Dass wir Rosenheimer unsere Fähre und die Furten gar nicht bewachen *können*. Alle unsere wehrfähigen Männer sind ja weg. Sie stehen bei Grünwald, Wolfratshausen und Tölz als Schützen. Und die paar, die noch zurückgeblieben sind, brauchen wir, um die Übergriffe der kurfürstlichen Salva Guardien in Grenzen zu halten.«

Die letzte Bemerkung erbost den Schiffmeister: »Übergriffe! Ja, Übergriffe! Genau das sollte man dem Kurfürsten schreiben!«

»Das ist doch in dem letzten Schreiben gestanden, mein Lieber!«, bemerkt der Prack. »Glaubst du denn, wir Rosenheimer Räte wissen nicht, was um uns herum geschieht?«

Und der Prusch fügt großtuerisch hinzu: »Wir wissen das ganz genau! Haargenau!«

Der Schiffmeister gibt zu bedenken: »Manchmal hab ich ein anderes Gefühl!« Dabei wirft er einen verächtlichen Seitenblick zum Prusch hinüber, ehe er fortfährt: »Ich frag mich bloß, wie lang das noch so weitergehen soll. Seit neunundzwanzig Jahr tobt jetzt schon der verdammte Krieg in unserem Land!«

»Ich kann's ned glauben«, meint der Peer, »dass dieser Krieg wegen der Religion g'führt wird. Denselben Herrgott haben die Katholischen und die Protestantischen. Da steckt doch was anderes dahinter!«

In seiner Einfalt erwidert der Prusch: »Lass du das ned den Herrn Pfarrer und unseren Kurfürsten hören! Bist ja schlimmer wie der Geiger! Oder bist auch schon ein Protestant, so ein ketzerischer?«

Der Schiffmeister faucht ihn an: »Red keinen Unsinn, Prusch! – Meine Herren, wir sollten noch sehen, wo wir Plätten zum Übersetzen herkriegen. Vielleicht von Kufstein? Da könnt uns der Doktor Geiger helfen; der kennt sich doch aus dort!«

»Die Idee ist nicht schlecht, Stockhinger!«, meint der Bürgermeister. »Gehen wir ins Rathaus, dann regeln wir das!«

Tatsächlich treten die Menschen nun zur Seite und scheinen gewillt, den Stadtoberen den Weg zu ihrer Wirkungsstätte freizugeben. Sie geben aber auch die Bahn frei für eine Horde kleiner Buben, die gerade auf dem Platz Fangermanndl spielen. Und wie es der Zufall will, rennt ein vielleicht Zwölfjähriger den Aktuar fast über den Haufen. Der packt ihn beim Kragen, aber was er zu ihm sagt, klingt doch durchaus nicht unfreundlich: »Na, du Schlingel! Pass auf, wo du hinrennst! Wer bist du denn eigentlich?«

»Ich bin der Thomas!«

»Und wem gehörst du?«

»Das da drüben ist meine Mutter!«, antwortet der Bub und deutet auf eine Frau, die offensichtlich gerade einen gefüllten Wassereimer vom Brunnen nach Hause trägt. Sie ist nicht mehr ganz jung, aber immer noch bildsauber anzusehen. Das Herz des Aktuars macht einen Sprung.

»Das Weib kommt mir bekannt vor. Kennst du sie, Bürgermeister?«, sagt er zum Pichlmayr, der neben ihm stehen geblieben ist.

»Nein, ich kenn sie nicht!«

»Ich hab sie irgendwo schon gesehen!«, meint der Aktuar.

»Nun, dann fragt sie doch! Oder habt Ihr Angst vor den Weibern? Das wär mir neu an Euch!«

»Thomas, hol deine Mutter her!«, fordert der Aktuar den Buben auf.

Der Sohn rennt weg und führt seine Mutter vor, die mit unverkennbar tirolerisch gefärbter Aussprache sehr taktvoll grüßt: »Gnädige Herren?«

Ebenso taktvoll begegnet ihr der Aktuar: »Sie ist mir bekannt. Wo habe ich Sie schon einmal gesehen?«

»Hier auf der Schranne, gnädiger Herr!«, lautet die Antwort.

»Auf diesem Platze?«

»Als Delinquentin – wegen meinem unehelichen Kind, dem Thomas. Etliche Jahr ist's schon her.«

»Wegen diesem Buben?«

»Ja, gnädiger Herr!«

»Wie denn?«

»Mit der Geigen um den Hals habt Ihr mich auf die Schranne geschickt.«

Ein wenig verschämt antwortet der Aktuar: »Dann ist Sie die Grieffnerin aus dem Tirolischen, die beim Lorenz Scheurer in Diensten gestanden ist!«

»So ist's, gnädiger Herr!« – den Ankhner trifft ein freudigüberraschter Blick aus haselnussbraunen Augen.

Nun redet auch der Bürgermeister: »Eine ungute Sache war das damals!«

»Ja, gnädiger Herr! Ich kanns' nicht vergessen, die Schmach! Aber der gnädige Herr Aktuar hat mir geholfen. Dafür dank ich!«

Der Aktuar zur Grieffnerin: »Was treibt Sie jetzt?«

»Der Hufschmied Lorenz Scheurer hat mich wieder in seinen Dienst genommen, zur Hausarbeit. Sein Weib und seine Tochter hat der schwarze Tod geholt, und er ist nicht mehr der Jüngste.«

»Ehrenvoll! Und der Vater des Kleinen? War der nicht auch beim Lorenz Scheurer?«

»Ja, so war's, gnädiger Herr! Der Sebastian war Schmiedknecht und stand mit mir zusammen in Diensten beim Hufschmied.«

»Und jetzt«, fragt der Bürgermeister, »wo ist er jetzt?«

»Er ist tot! In der Bauernschlacht bei Ebersberg. Die Crompergischen haben ihn gefangengenommen. Dann hat man ihm den Prozess gemacht und ihn zusammen mit dem Michael Mauerberger aus Mörmoosen und anderen gevierteilt. Gott hab ihn selig!«

Der Aktuar erinnert sich: »Ja, es war schlimm damals mit den Bauern und dem Kaspar Weinbuch, dem halben Riesen! Keiner hat sie zurückhalten können. – Und Sie? Ist Sie noch ledig?«

»Ja, nach dem Sebastian ist keiner mehr 'kommen. Ich hab die Geige am Hals gespürt, weil Ihr mich verurteilt habt. Dann ist's schwer, noch einen Mann zu finden.«

Der Aktuar erhebt abwehrend die Hand: »Ich hab Sie nicht verurteilt. Das war der Rat. Ich ließ das Urteil nur vollstrecken. Das war meine Pflicht.«

Der Bürgermeister aber setzt in belehrendem Tonfall hinzu: »Und die Pflicht des Rates war, das Urteil zu sprechen. Damals stand das Gesetz eben anders. Heut wär's leichter in so einem Fall.«

Mit einem freundlichen Lächeln, an die Frau gewandt, sagt der Aktuar: »Ich wünsch Euch viel Glück in unserem Markt, Grieffnerin!«

Und sie: »Ich dank Euch, edle Herren!« Darauf nimmt sie ihren Thomas bei der Hand und geht zu den anderen Frauen. Thomas macht sich aber los von ihr und schaut den Aktuar an. Der wendet sich dem Bürgermeister zu: »Nun, was sagt Ihr jetzt? Das Schicksal holt uns doch immer wieder ein!«

Der Bürgermeister legt dem Aktuar die Hand auf den Arm: »Doch Eure Entscheidung von damals war richtig – wenngleich Ihr auch Ärger hattet. Sie scheint ein braves Weib zu sein …« Und mit einem freundlichen Lächeln: »Alsdann, machen wir uns an unser Tagwerk. Wir dürfen auch nicht vergessen, dass wir uns um die Quartiere der Flüchtlinge kümmern. Zu viele sind's schon im Markt.«

Der Bürgermeister verschwindet im Tor des Rathauses. Doch der Aktuar bleibt nachdenklich stehen und schaut der Grieffnerin nach …

Gerade in diesem Augenblick kommt ein Kurier vom Mittertor her mit einem Schreiben in der Hand und redet den Aktuar an: »Seid Ihr der Bürgermeister?«

»Nein! Der ist grad hinein« – dazu deutet er aufs Rathaustor – »zur Ratssitzung. Ihr seid aber auch bei mir richtig! Was gibt's?«

»Wichtige Nachricht von unserem Landesherrn!«

Der Aktuar ruft den Thomas, der immer noch dasteht und jetzt den Reiter anstarrt: »Thomas, lauf schnell dem Bürgermeister nach und hol ihn zurück. Sag, es sei eilig!« Thomas rennt los.

Der Aktuar wendet sich jetzt an den Kurier: »Ihr kommt direkt von München?«

»Nicht von München komm ich, sondern von Wasserburg!«

»Ja, ist denn der Kurfürst nicht in München?«, meint der Aktuar verwundert. Darauf öffnet er den Brief und liest, während der Kurier weiterredet: »Nein, Ihr habt richtig gehört: Wasserburg! Da gibt's eine große Verhandlung, mit Freund und Feind. Mehr weiß ich auch nicht. Wohl was Geheimes in Sachen Krieg und Frieden. Eine besondere Mission.«

Da kommt der Doktor Geiger hinzu und bleibt beobachtend stehen, während sich der Aktuar an den Kurier wendet: »Was soll das Schreiben?«

Mit vorgehaltener Hand erwidert der Kurier: »Antwortschreiben bezüglich der Munitionierung des Marktes Rosenheim, Euer Gnaden!«

Der Aktuar nickt und zeigt hinüber: »Geht zum Schankwirt und lasst Euch auf Kosten des Marktes etwas ausreichen!«

Der Kurier bedankt sich und eilt in die Kirchengasse.

Doktor Geiger tritt nun an den Aktuar heran: »Was wolltet Ihr vom Kurfürsten? Hörte ich richtig: Munition?«

Während jetzt der Bürgermeister, zusammen mit den

Markträten Prack, Prusch, Peer und Weidacher, wieder aus dem Gebäude tritt, setzen die beiden anderen ihr Gespräch fort.

»Ihr habt richtig gehört, Doktor; es handelt sich um Munition. Denn wir haben zwar Feuerwaffen, aber es gebricht uns an Munition. Darum haben wir den Kurfürsten gebeten, uns zu unterstützen.«

»Wann habt Ihr das Schreiben abgesandt? Ich weiß von nichts!«

»Als Ihr wieder einmal in Kufstein wart; vor circa sechs Wochen!«

»Und vor wem sollen wir uns jetzt wieder schützen?«

»Vor den eigenen Truppen! Schaut das Unheil an, das auf uns zukommt!«

»Wenn wir anfangen, auf alles zu schießen, was vor unseren Gräben und Toren erscheint, dann gehen wir bald sang- und klanglos unter!«

Nun mischt sich der Weidacher ins Gespräch der beiden: »Es ist gefährlich, in aller Öffentlichkeit so zu reden.«

Dazu der Prusch: »Der Doktor Geiger redet und schreibt öffentlich. Dem ist doch alles egal! Da müsst ihr einmal sein Pamphlet lesen, das er an den Kurfürsten geschrieben hat!«

Der Peer verzieht das Gesicht: »Das Famosschreiben kennen wir doch schon, Prusch.«

»Nix Famosschreiben! Ein neues Schreiben hat er verfasst, es heißt: ›Politischer Diskurs um die notwendige Verteidigung des Marktes zu Rosenheim‹.«

Voller Erstaunen fragt der Aktuar: »Stimmt das, Doktor Geiger?«

Der antwortet mit satter Ruhe: »Wenn's der Prusch sagt,

wird's schon stimmen! Der hört ja das Gras wachsen und die Flöhe furzen! Ich hab halt mal meine Zweifel an sinnloser Verteidigung, vor allen Dingen, wenn Unschuldige herhalten müssen.«

Sehr erregt entgegnet der Aktuar: »Aber Ihr wisst doch, es geht gegen unsere eigenen Leute. Die Wachen an der Notfähre am Inn sind wieder renitent und aufsässig. Sie versuchen ständig in unseren Markt einzudringen, um zu rumoren. Ihr wisst auch, dass wir es nicht dulden können, wenn das so weitergeht. Wir müssen uns wehren!«

Der Doktor mit wegwerfender Handbewegung: »Wir werden uns bald gegen uns selber wehren müssen. Es ist zum Aus-der-Haut-Fahren!«

Etwas gereizt unterbricht sie nun der Bürgermeister: »Ich hab gedacht, ich sollte mich hier um eine dringende Sache kümmern – und nicht eure Streitereien anhören.«

Der Aktuar reicht dem Marktoberhaupt den Brief mit der Bemerkung: »Ein Schreiben bezüglich der Munition. Der Kurier war da.«

»Lest vor!«, erwidert der andere, und der Aktuar posiert sich:

»Von Gottes Gnaden Maximilian, Pfalzgraf bei Rhein, Herzog im Oberen und Niederen Bayern, des Heiligen Römischen Reichs Erztruchsess und Kurfürst. Unseren Gruß zuvor, euch Rosenheimern! Mit Befremden haben Wir vernommen, dass ihr Pulver und Blei begehrt, um euren Markt zu verteidigen. Ihr wollt die Waffen aber nicht gegen die Schweden oder andere feindliche Kriegsscharen richten, sondern gegen die Unsrigen sind sie gedacht, die Wir euch zu Hilf und Bewachung für die Fähre und Furten geschickt. Gegen sie wollt ihr aufbegehren.

Es kann nicht sein, was nicht sein darf, dass bayerische Leut auf bayerische Soldaten schießen, und so kann ich euch auch nicht beistehen und euch von eurer Not befreien. – Falls ihr die Munition zu eurer eigenen Defension braucht, so beschafft sie euch selbst! Auch können und wollen Wir euch da nicht helfen! Maximilian.«

Alle schauen sie an ihren Nasen nieder, bis der Peer das Schweigen bricht: »Es ist unverständlich, wie lange diese Tortur noch gehen soll mit den kurfürstlichen Schutztruppen! Und jetzt wird das auch noch sanktioniert! Statt dass wir uns in der Not zusammentun, schlagen wir uns gegenseitig die Schädel ein.«

Mit Bedauern erwidert der Dr. Geiger: »Der Kurfürst hat nichts aus dem Bauernaufstand gelernt. Alles vergessen, was uns vor Jahren in Harnisch gebracht. Wenn's so weitergeht, gibt's bald wieder einen Aufstand. Aber dann brennt ganz Bayern. Das sag ich euch! Und noch mehr Tote wird's geben als anno vierunddreißig.«

»Oh Herr, steh uns bei!«, nuschelt da der Prusch.

Ruf zu den Waffen

Mit reichlicher Verspätung kommt es endlich dazu, dass die für diesen Tag angesetzte Ratssitzung ihren Anfang nimmt. Und es entwickelt sich eine für damals typische Szene. Typisch deshalb, weil es zum einen keine gesicherten Rechtsstandpunkte gab, und zum anderen, weil Moralbegriffe, wie etwa Eigentum oder Mitmenschlichkeit, in dieser Kriegs- und Notzeit einfach nicht mehr existierten.

Der Bürgermeister hat soeben mit ein paar Worten die Beratung eingeleitet und vorgeschlagen, zuerst die Frage zu verhandeln, wo die dringend benötigten Plätten zum Übersetzen über den Inn herzubekommen seien, weil die winzige Notfähre hint und vorn nicht ausreiche.

Doch in diesem Augenblick meldet sich der Weidacher zu Wort: »Darf ich unterbrechen? Die Angelegenheit des Bäckers Wolf Göz und seines Vetters, des Bierbrauers Erhard Wöstermayer, ist noch zu verhandeln! Die beiden warten draußen!«

»Herrgott, bei all der Not und Pein auch diesen Ärger noch!«, stöhnt der Aktuar. Er befiehlt, die beiden Herren holen zu lassen.

Schon draußen vor der Saaltür hört man einen lautstarken Wortwechsel. Der Peer schüttelt den Kopf und murmelt: »Das wird ja wieder eine abwechslungsreiche Verhandlung werden heut!« Doch als die beiden Streithähne Bürgermeister und Räten Aug in Auge gegenüberstehen, wird es zunächst einmal ruhig.

Und der Aktuar beginnt: »Also, Wolf Göz, was gibt's? Trag vor, was dich beschwert!«

»Ich krieg vom Wöstermayer vierzig Gulden und noch a bissl mehr.«

Der Wöstermayer unterbricht: »Du spinnst! Du kriegst keine vierzig Gulden und sonst auch nix!«

Dazwischen der Bürgermeister: »Langsam, langsam, alles der Reihe nach! Sag erst mal, was sich zugetragen hat!«

Der Göz fährt fort: »Ich hab dem Erhard – anno vierunddreißig – weil ich Angst gehabt hab, die Schweden kommen, vierzig Gulden Barschaft zur sicheren Verwahrung übergeben.«

Der Wöstermayer: »Von wegen Schweden! Angst hast gehabt vor der Pest und ausgerissen bist, um dich in Sicherheit zu bringen, du Feigling!«

»So ein Schmarrn! Da schauts, was der mir unterstellt!«

Voller Ungeduld bohrt der Aktuar weiter: »Das ist doch egal, welcher Grund es war, das Geld zu übergeben! – Weiter!«

Der Göz: »Zu treuen Händen hab ich's ihm übergeben, vierzig Gulden, weil ich ihm vertraut hab. Er ist ja mein Vetter und Nachbar im Vormarkt.«

Abermals mischt sich der Bürgermeister ein: »Das wissen wir, Göz! Weiter!«

Und er: »Die Zeiten werden ruhiger, hab ich mir denkt, jetzt verlangst dein Geld zurück, dein Eigentum. Aber mein Vettersmann hat taube Ohren! Wie ich meinen Beutel mit den vierzig Gulden abholen will, da hat er ihn mir nicht gegeben. Kein gutes Zureden hat genützt! Dann hab ich ihn verklagt vor dem Rat, Ihr wisst, auf Rückgabe des hinterlegten Geldes. – Jetzt müsst Ihr verhandeln mit dem sturen Bock, mit meinem Herrn Vetter!«

Da will der Wöstermayer den Göz angehen, doch der Bürgermeister wehrt ab: »Ganz ruhig, Göz! – Wöstermayer, nur nicht aufregen! Und damit jetzt zu dir: Steh Antwort! Warum gibst du das Geld nicht zurück?«

»Ganz einfach, ich hab einen Schaden gehabt wegen meines lieben Herrn Vetters.«

»Erklär das näher!«, drängt der Aktuar.

»Also, das war so! Der Göz hat mir das Geld zu der Zeit ins Haus gebracht, als die leidige Pest grassierte. Da haben immer noch die Vorschriften des Rates wegen der Infektion gegolten. Ohne meine Einwilligung hätte er mein Haus nicht betreten dürfen. Mit Gewalt ist er eingedrungen, meine Herren Räte, obwohl ich's ihm verwehrt hab wegen der Quarantäne!«

Der Göz, ein gerissener Gesell, versucht den Hergang herunterzuspielen und meint hämisch: »Mit Gewalt! So ein Schmarrn. Ich hab' geklopft, er hat die Tür aufgemacht, und ich war drin.«

Darauf der Wöstermayer: »Ja freilich, den Fuß hast in d' Tür gestellt und dann hast druckt. Bis ich mich umgeschaut hab, hast mich zur Seite geschoben samt der Tür!«

Der Bürgermeister, den das Ganze langsam anödet, wird brummig: »Und warum hast einen Schaden gehabt, Wöstermayer?«

»Ganz einfach: Die Folge war, dass ich mit meinen Leuten

sieben ganze Wochen in meinem eigenen Hause eingesperrt war, weil er mir die Infektion in die Wohnung gebracht hat. Die sieben Wochen Quarantäne waren ja damals vorgeschrieben.«

Da glaubt auch der Aktuar noch einmal nachhaken zu müssen: »Ist denn jemand gestorben danach?«

»Das nicht! Aber dem Göz sind vorher Weib und Kinder gestorben, so war er infiziert!«

Der Bürgermeister: »Stimmt das, Göz?«

»Ja und nein! Weib und Kinder sind gestorben, das ist richtig; aber ich war nicht infiziert. Tät ich denn sonst heut noch leben?«

Doch der Wöstermayer gibt nicht auf: »Und was noch schlimmer war: Mein Bräuhandwerk hab ich nicht ausüben können und mein öffentliches Gewerbe, die Gastwirtschaft, hab ich zumachen müssen, sieben Wochen lang! Den Schaden hab ich gehabt. Ich bin um meinen ganzen Gewinn gekommen. Nichts wie Verlust!«

Der Göz lacht spöttisch: »Verlust? Du hast doch keinen Verlust gehabt! In der Pestzeit ist eh keiner in die Wirtschaft 'gangen! Auf meine Kosten möchtst du dich jetzt bereichern, du Notniggl!«

»Da schaut ihn an, den gemeinen Menschen Göz! Das traut der sich sagen!«

Nun aber wird's dem Bürgermeister zu viel: »Jetzt werd ich aber grantig, wenn das kein Ende nimmt! – Was willst jetzt, Wöstermayer?«

»Ich will, dass die vierzig Gulden und der Beutel mir gehören und dass der Göz noch eine namhafte Summe zusätzlich herausgeben muss. Das wär gerecht!«

Der andere setzt wieder sein unverschämtes Grinsen auf:

»Gerecht? Dass ich ned lach! Ich besteh auf Herausgabe der vierzig Gulden samt Beutel! Wenn der Herr Vetter meint, er habe Forderungen zu stellen, dann soll er's tun! Ich werd ihm Red und Antwort schon stehen, zu jeder Zeit und vor jedem Richter!«

Nun endlich reißt dem Bürgermeister der Geduldsfaden; er schreit: »Wöstermayer, auch von dir ein letztes Wort!«

»Nichts kriegt er!«

Die beiden Streitenden werden wieder vor die Tür geführt – und der Torknecht Hell, der sie bewachen muss, hat zu tun, sie an einer handgreiflichen Auseinandersetzung zu hindern. Der Rat hat seine Entscheidung merkwürdig schnell getroffen: Es sind noch keine zehn Minuten vergangen, da lässt der Bürgermeister die beiden wieder in den Sitzungssaal rufen.

Dann spricht er gesetzt zu ihnen:

»Meine Herren Kontrahenten! Wir erteilen folgenden Bescheid: Der Wöstermayer hat dem Göz die zu treuen Händen hinterlegten vierzig Gulden samt Beutel innerhalb einer Monatsfrist zurückzugeben. Sollte er aber glauben, von dem Göz auch etwas fordern zu müssen, so sollen sich beide als nächste Verwandte entweder selbst untereinander vergleichen, oder der Rat wird auf weiteres Verklagen nach Gebühr und Billigkeit verhandeln! Und weil ihr den Rat in der schweren Zeit bemüht habt, ergeht folgender Bußbescheid: Der Göz nimmt drei Offiziere, der Wöstermayer drei Sergeanten in Kost und Logis. – Keine Widerrede!«

Das Bemühen um brauchbare Flöße für das Übersetzen über den Inn mag den Ratsherren an diesem Tag noch vordringlich erschienen sein. Doch schon wenige Tage später holen die weltgeschichtlichen Ereignisse den Markt Rosenheim wieder ein.

Es ist ein trüber, grauer Vormittag. Ein kalter Westwind treibt noch einmal verspätete dicke Schneeflocken über den Marktplatz, als wieder einmal ein berittener Kurier des Kurfürsten auftaucht – in diesen Jahren gewiss nichts Ungewöhnliches. Die Frage ist nur: Wird er gute oder schlechte Nachricht bringen?

Über die Verhandlungen, die der Kurfürst derzeit mit seinen Feinden führen soll, hat es in der letzten Zeit so manche hitzige Debatte gegeben. Gewiss, verhandelt wird schon seit Jahren an diesem und jenem Ort, ohne dass dabei viel Greifbares herausgekommen wäre. Doch jetzt, wo man hört, dass es gelungen sei, das Bündnis der Schweden mit den Franzosen zu sprengen, interessiert sich der Bürger des Marktes wieder für jedes kleine Wort, das er vom Bürgermeister und den Markträten diesbezüglich erhaschen kann.

Heute aber bekommt jeder, der das Glück hat, in diesem Moment gerade auf dem Marktplatz zu stehen, die Botschaft sozusagen aus erster Hand. Schon wendet sich der Kurier an die Umstehenden: »Hierher, Leute, hierher! Hört zu! Ihr seid gewiss die Markträte? Ist der Bürgermeister unter euch?«

Der meldet sich: »Was gibt's?«

Der Kurier entfaltet ein Pergament und liest: »Anordnung unseres durchläuchtigsten Herrn, des Kurfürsten zu Bayern, betreffend Landesdefension: – Alle Städte und Märkte haben Vorsorge zu treffen, sich dem Ansturm der feindlichen Truppen entgegenzustellen und hinhaltend Widerstand zu leisten! Tore, Wälle und sonstige Fortifikationen sind schnellstens auszubauen und ausreichend zu besetzen! Die noch verfügbaren Fähnlein sollen sich zusammentun und abrufbereit in den Mauern aufhalten, um dem Feind gehörigen Widerstand zu leisten. Mit Waffen, Pulver und Blei sollen sich alle ausreichend versorgen. Zur besseren Verteidigung, insbesondere zu Bewachung der Innbrücke und Innfurten, wird in die Mauern des Marktes Rosenheim eine Abordnung des Jung-Kolbischen Regiments unter dem Kommando des Obristleutnants Jean Bärtl verlegt. In Gottes Namen! Maximilian.«

Auf diese Verlautbarung antwortet Doktor Geiger mit gewaltigem Stimmaufwand: »Fahr zum Teufel mit deiner Anordnung! Sag deinem Kurfürsten, er soll hierher kommen und sehen, dass es bald nicht mehr weitergeht, statt immer neue Aufrufe zu produzieren und uns fremde Soldaten zu schicken! Sag ihm, es wäre besser, wenn er übergeben würde, an einen Jüngeren, der mehr Kraft hat, sein Land zu schützen! Aber nicht an seinen Sohn Ferdinand Maria! Denn der taugt noch weniger als der Alte!«

Dem Bürgermeister ist diese Auslassung des Doktors peinlich; darum sagt er: »Kurier, Ihr seid entlassen: Mit Gott! – Doktor Geiger, lasst nur! Wir sollten uns zusammentun und die Ratschläge unseres Kurfürsten beachten. Es hilft nichts, das Gezeter! Lasst jetzt Taten sprechen!«

Wie man in Rosenheim bereits befürchtet hat: Die versprochene neue Schutztruppe ist nur allzu früh da. Unter Trommelschlagen zieht noch am gleichen Tag eine Abordnung des Jung-Kolbischen Regiments im Markt ein. Was die meisten Bürger freilich nicht gewusst oder auch nur geahnt haben: Es sind Franzosen. Das wird allen Kundigen unter den Umstehenden sehr schnell klar, als der Bürgermeister mit dem Offizier zu reden beginnt, der an der Spitze des Trupps geritten ist.

»Ihr seid also die neue Schutztruppe für Rosenheim?«

»Oui, Monsieur, so ist es!«, kommt die Antwort mit unverkennbarem Akzent.

Der Bürgermeister fährt fort: »Dann seid willkommen! Wir sind zwar ausgeblutet und haben kaum noch etwas zu essen, doch wir werden uns anstrengen, auch euch noch dienlich zu sein. Ihr seid Verbündete, so gehört ihr also zu uns!«

»Merci, wir danken, Monsieur!«

»Wir bitten um Nachsicht, wenn wir nur die Herren Offiziere im Markte unterbringen und die Mannschaften draußen in den Schuppen am Inn. Unsere Mauern sind voll von fremdem Volk.«

Darauf wendet sich der Offizier – es ist der vom kurfürstlichen Kurier schon angekündigte Jean Bärtl – an seine Leute: »Rittmeister Louis Rickhencort und der Quartiermeister Henri Prinß belegen mit mir zusammen ein Quartier. Auch die Sergeanten bleiben im Markt. Die Soldaten an den Fluss!«

Und der Bürgermeister zum Weidacher: »Es tut mir leid, aber du bist wieder dran. Schau, wo du sie unterbringst in deinem Hause!«

Der Weidacher stottert noch: »Aber Bürgermeister ...« Er kann aber nicht weiterreden, denn schon stehen seine neuen Gäste vor ihm ...

DER BAYERISCHE SEPARATFRIEDE

Die Rosenheimer haben der Anordnung des Kurfürsten getreulich Folge geleistet. Alles, was an Menschen und Material noch zur »Landesdefension« tauglich erschien, hat man zusammengetrommelt. Viel ist es nicht gewesen. Die wehrfähigen Männer aus Rosenheim hat man ja fast alle an die Isar kommandiert, nach Grünwald, Tölz und Wolfratshausen. Es mag sein, dass dort die Schwedengefahr besonders akut ist. Aber was der Feind wirklich vorhat, weiß eh keiner. Jedenfalls sieht es gar nicht danach aus, dass er sich durch den Seitenwechsel seines langjährigen Verbündeten Frankreich besonders hat beeindrucken lassen ...

Soeben hat Prack die »noch verfügbaren Fähnlein« aus Rosenheim auf dem Marktplatz versammelt. Ein verlorenes Häufchen, das hauptsächlich aus älteren Männern besteht, mit verrosteten und altmodischen Waffen – aber ganz zweifellos todesmutig bereit, seinen Kurfürsten gegen jeden Feind, wie stark er auch sei, bis zum letzten Schuss Pulver zu verteidigen.

Achselzuckend und in gar nicht sehr militärischem Tonfall erklärt Prack seinem Bürgermeister die Lage.

Mit stockender und bewegter Stimme erwidert der Bürgermeister: »Dann müssen uns die Weiber helfen, und auch die Kinder muss man einspannen für die Verteidigung unseres Marktes! – Es tut mir leid! Gott helfe uns!«

Da aber braust der Doktor Geiger auf: »Es ist der helle Wahnsinn, was sich hier abspielt! Es ist ein scenario diabolico! Eine teuflische Szenerie! Wo bleiben die Soldaten des großen Feldherrn Maximilian? Franzosen schickt er uns! Weiber und Kinder müssen den Kopf hinhalten – für anderer Leute Unvermögen!«

Darauf erwidert der Bürgermeister, der sich wieder einigermaßen gefasst hat: »Doktor Geiger, wir müssen handeln und nicht tadeln!«

Darauf wendet sich der Aktuar an das zuhörende Volk: »Also, Leute, geht schnell ins Zeughaus! Lasst euch geben, was zur Verteidigung des Marktes noch übrig ist, und kommt gleich wieder zurück! Wir müssen die Tore und Gräben besetzen – sputet euch!«

Die meisten gehen in Eile ab; ob ins Zeughaus oder heim – wer weiß es?

Kaum hat der Platz sich geleert, rennt ein laut schreiender Kurier herbei: »Wo ist der Bürgermeister? Wo sind die Räte? Es eilt!«

»Was schreist du so wild?«, fährt ihn der Bürgermeister an. Beherrsch dich! Willst du dir etwa einen Spaß erlauben in so ernster Stunde?«

Der freudig erregte Kurier erwidert: »Nein, Euer Gnaden! Große Neuigkeit! Der bayerische Kurfürst hat in geheimer Verhandlung einen Separatfrieden mit den Schweden geschlossen!«

»Was sagst du da? Einen Separatfrieden?«, fragt ihn der Aktuar.

»Ihr habt recht gehört! Ich komme direkt von Wasserburg, wo sich unser Hof zur Zeit aufhält. Dort wurde verhandelt, mit den Schweden. Es war nicht leicht für Seine Durchlaucht!«

Der Kurier sagt's und übergibt dem Bürgermeister das Schreiben. Darauf eilt er davon.

Zwischenzeitlich sind einige Rosenheimer mit allen möglichen Waffen und Gerätschaften angekommen, und der Prack sagt zum Bürgermeister: »Alles ist ausgegeben!«

Darauf überreicht der Bürgermeister das Schreiben dem Aktuar, und der liest es vor:

»Wir, Maximilian, von Gottes Gnaden Pfalzgraf bei Rhein, et cetera, et cetera, Unseren Gruß zuvor: In geheimen und langwierigen Verhandlungen mit den schwedischen Befehlshabern ist es Uns gelungen, Frieden zu schließen. – Wir haben vereinbart, dass ab sofort die Waffen schweigen. Die schwedischen Truppen werden sich zurückziehen, und unser geliebtes Bayernland wird seinen Frieden haben.

Maximilian.

Gegeben zu Wasserburg am Inn, den 28. März im Jahre des Heiles 1647.«

Einen Jubel, wie er jetzt losbricht, hat der Marktplatz zu Rosenheim schon lange nicht mehr gehört.

Alles ruft durcheinander: »Frieden, Frieden!«, und jeder ist überzeugt, die schon so unabsehbar lange währende Not hätte mit diesem Tag ihr Ende gefunden.

Kaum ist der Jubel etwas abgeebbt, ruft nun der Schiffmeister in die Menge hinein: »Bürgermeister, Räte, Rosenheimer! Wir bauen die Innbrücke wieder auf! Zehn Fuder Holz auf meine Kosten! Alle, die helfen wollen, sollen mir folgen.«

Der Jubel bricht von neuem los, doch der Bürgermeister macht eine abwehrende Handbewegung: »Halt, Stockhinger! Wer soll denn für den Rest der Brücke aufkommen? Ihr wisst, Schiffmeister, wir haben kein Geld mehr!«

Doch der Stockhinger, der nicht aufs Maul gefallen ist, weiß gleich eine Lösung: »Dann fragt den Prusch! Der hat bestimmt noch einige Gulden vergraben!«

Pruschs Beteuerungen und Schwüre, er sei im Moment so gut wie auf Gant, lösen allgemeine Heiterkeit aus. Aber keiner von den Umstehenden zweifelt daran, dass sich Mittel und Wege finden lassen würden, die für den Markt so dringend nötige Brücke wieder aufzubauen …

Die Schweden kommen

Wieder einmal haben sich die Rosenheimer zu früh gefreut. Der Vertrag von Wasserburg war, wie man später resigniert feststellen musste, das Papier nicht wert, auf dem er geschrieben stand: Schon nach einem halben Jahr war er wieder Makulatur. Nicht etwa, dass die Schweden ihn gebrochen hätten. Nein, in dieser späten Phase des Krieges dürfen wir es uns nicht mehr so einfach machen. Was noch zehn Jahre zuvor unverrückbar erschienen war, galt nun plötzlich nicht mehr, und sogar die Unterscheidung zwischen Freund und Feind wurde einem langsam unmöglich gemacht.

Jedenfalls war es das Verdienst Kaiser Ferdinands III. – auf dem Papier ein Verbündeter von Kurfürst Maximilian –, dass das Bayernland erneut vom Krieg überzogen wurde. Gerade hatte man an Isar und Inn begonnen, den wiedergewonnenen Frieden zu feiern und Dankgottesdienste abzuhalten, als schon ein kaiserlicher Kurier Richtung München sprengte, um Maximilian klar zu machen, dass nach Ferdinands Auffassung ein Friedensschluss ohne Beteiligung des Kaisers null und nichtig sei. Es ist müßig, jetzt die Juristen zu bemühen, die darum stritten, wer von den beiden im Recht sei. Denn auch wenn der Kaiser nicht im Recht gewesen sein sollte, so hatte er doch die Macht, Maximilian zu erpressen, und das gab den Ausschlag. Er drohte zuletzt ganz offen, gegen Maximilian zu marschieren, wenn der nicht von seiner Abmachung mit den Schweden Abstand nähme. Der Kurfürst musste wohl oder übel nachgeben – und handelte sich damit den umso unversöhnlicheren Hass der Schweden ein, die ihn nun vor allen, die es hören wollten, einen Vertragsbrecher schalten.

Für die Rosenheimer scheint es zunächst einmal wieder, als könnten sie nach dem erneuten Ausbruch der Feindseligkeiten mit dem blauen Auge davonkommen – sieht man einmal von so kleinen Unannehmlichkeiten wie Einquartierungen, Requirierungen und Übergriffen betrunkener Soldaten ab.

So scheint auch in dieser schon fast etwas lauen Nacht Ende Mai 1648 in Rosenheim alles seinen gewohnten Gang zu gehen.

Betrunkene französische Besatzungssoldaten ziehen mit einigen leichten Mädchen grölend über den Marktplatz und verschwinden hinter dem Haus des Salzfertigers. Einer hat einen Krug in der Hand und bietet diesen einem Mädchen an. Alle Mädchen kreischen. Da geht ein Fenster im Hause auf, und ein Kübel Wasser wird unter Protestrufen heruntergeschüttet.

Ein Bürger schaut aus dem Fenster heraus und schreit: »Ruhe, oder ich hol den Profos!« Die Mädchen und die Betrunkenen ziehen ab, und die Rosenheimer Bürger können wieder ruhig schlafen. Sie merken nicht, dass vor ihren Häusern schon etwas vor sich geht, was der Beginn schlimmen Unheils für den Markt werden soll …

Sechs Männer in schwarzen Mänteln und mit schwarzen Schlapphüten kommen auf den Platz. Sie sind allein und verhalten sich verdächtig. Es sind die schwedischen Feldwebel Hans Luub und Michael Tabat mit ihrem kleinen Spähtrupp.

Sagt der Luub: »Sind alle weg?«

Entgegnet der Tabat: »Ja! Jetzt heißt's aufpassen, dass wir ihnen nicht noch einmal begegnen!«

Der Luub: »Am besten, wir verschwinden! Was wir wissen wollten, wissen wir.«

»Nicht alles!«, erwidert der andere. »Feldmarschall von Wrangel will wissen, in welchem Zustand die Tore sind. Deshalb nehm ich mit meinen Leuten die Tore noch in Augenschein. Und ihr nehmt den Rittmeister Rickhencort von den französischen Besatzern mit. Er geht freiwillig – so ist's ausgemacht! Dann verlassen wir den Markt unbemerkt über die Gräben. Treffpunkt: bei den Innauen! Dort warten die Boten, um die Nachricht ins Feldlager zu bringen. – Mit schwedischem Gruß!«

Der Luub erwidert den Gruß; dann verschwinden sie nach verschiedenen Seiten.

Die Rosenheimer erfahren erst am nächsten Tag, wie ernst die Lage aussieht. Der Kurier, der die schlimme Nachricht bringt, ist kein Unbekannter: Es ist jener kurfürstliche Kriegskommissar Audomar von Wolkenstein, der seinerzeit die Untersuchung gegen Doktor Geiger wegen des Rosenheimer Famosschreibens geleitet hat.

Im Rathaus, wo alles, was in Rosenheim Rang und Namen hat, versammelt ist, spricht er ausführlich über die aktuelle Kriegslage. Den Anwesenden ist bald nicht mehr wohl in ihrer Haut, als Wolkenstein immer mehr Einzelheiten über das jüngste Geschehen enthüllt.

»Der Kurfürst hat wegen der verlorenen Schlacht am Lech Hauptgeneral von Törring-Cronsfeld verhaften lassen und den Generalleutnant Piccolomini zur Abwehr der Schweden eingesetzt. Auch den General Johann von Werth, der in Ungnade gefallen war, hat man rehabilitiert. Die beiden sollen die Truppen neu formieren. Wir müssen auf alle Fälle mit dem Schlimmsten rechnen. Der Schwed hat Bayern für den Bruch des Waffenstillstands bittere Rache geschworen. Er zieht wütend durchs Land. Schlimmer denn je soll er sich verhalten. Der Hof flieht jetzt nach Salzburg; ich folge ihm nach.«

Der Doktor Geiger unterbricht und fragt sachlich: »Hat der Kurfürst denn damals keine Möglichkeit gesehen, dem Ansinnen des Kaisers entgegenzutreten und den Frieden mit dem Schweden aufrecht zu erhalten? Ich weiß aus der Zeit meiner Anwesenheit am Münchner Hof, dass er ein kluger Verhandler ist; – oder ist er doch schon senil?«

Drauf der Wolkenstein: »Doktor, bitte! Fangt Ihr schon wieder an? Ich wollte mich gerade über Eure Zurückhaltung lobend äußern.«

»Sollen wir uns jetzt wieder bewaffnen?«, fragt der Aktuar. »Sollen wir wieder die Tore besetzen wie im vergangenen Jahr?«

Der Doktor aber wird giftig: »Warum denn nicht? Wir haben doch Praxis in diesen Dingen! Holt die Weiber und die Kinder wieder zusammen! Holt die Lahmen und die

Blinden! Sie sollen gleich Pulver mischen! – Verdammte Politik!«

»Bitte, dramatisiert nicht!«, erwidert der Wolkenstein. »Noch habt ihr die Franzosen als Schutztruppe im Markt. Sie werden euch unterstützen. Trotzdem, ich würde euch raten, alles schnellstens zu bewaffnen. Der Schwede steht schon zu Freising und vor Haag. Feldmarschall von Wrangel wird nicht lange fackeln. Er zieht Richtung Linz, wird aber vorher alles in weitem Umkreis befrieden wollen. – Übrigens, ein Schreiben hab ich für euch, eigenhändig vom Kurfürsten unterzeichnet. Es tut mir leid. Vollzug ist befohlen. Ich muss weiter. Gehabt euch wohl!«

Der von Wolkenstein übergibt dem Aktuar das Schreiben und geht, dreht sich aber bedauernd um, als der Aktuar vorzulesen beginnt: »Betreff: Sofortige Abwerfung der Innbrücke!« Da ruft ihm aber der Doktor Geiger die böse Frage nach: »Sollen wir die Innbrücke abbrechen, bevor Ihr drüber seid, Exzellenz, oder erst nachher?«
Der Bürgermeister setzt sich und gibt dem Aktuar ein Zeichen weiterzulesen. Und der liest weiter:
»Wir, Maximilian, von Gottes Gnaden Pfalzgraf bei Rhein, et cetera, et cetera, verlangen, dass der Magistrat mit seinen Zimmerleuten und Werkleuten dem Pfleger bei der Abwerfung der Innbrücke zu assistieren hat, und dies ohne Zeitverzögerung. Der Feind darf den Innstrom nicht überschreiten. Denn sollte auch dieser Fluss nicht verteidigt werden können, so wird sich bis zum adriatischen

Meer keiner mehr finden, den man defendieren kann. Wer sich meiner Anordnung zur Wehr setzt, muss mit strengster Leib- und Lebensstrafe rechnen. Maximilian.«

Darauf poltert der Peer los: »Da haben wir den Dreck!«

Der Bürgermeister macht nur eine Geste des Bedauerns und meint: »Spar dir deine Rede, Peer!«

Der Doktor aber steht da wie ein Hund, der sich entschlossen hat, eine Katze anzugreifen: »Am liebsten würde ich mit dem Wolkenstein nach Salzburg fahren und anständig mit der Faust auf den Tisch hauen!«

»Nehmt mich mit, Doktor Geiger! Ich hab auch noch zwei gesunde Fäuste zum Dreinschlagen!«, ergänzt der Peer und fährt fort: »Diese Anordnung ist saudumm! Wenn die Brücke abgerissen wird, dann können uns die Traunsteiner Soldaten, die im Schloss einquartiert sind, nicht einmal zu Hilfe kommen; und die vor den Schweden flüchtenden Bauern und Bürgersleut aus dem Oberland können nicht mehr über den Inn!«

Der Bürgermeister erhebt sich: »Es hilft nichts, Freunde! Ich kann meinen Kopf und eure Köpfe nicht riskieren. Kommt mit, wir wollen alle Vorkehrungen treffen! – Aktuar, bitte, ruft die Handwerker zusammen und macht Euch auf zum Inn! Visitiert alles genau! Setzt euch mit dem kurfürstlichen Pfleger droben im Schloss in Verbindung! Und gebt dann dem Schiffmeister den leidigen Befehl zum Abbruch!«

Als Rosenheims obere Zehntausend das Rathaus verlassen, scheint eine helle Sonne vom blauen Himmel, und ein mildes Lüftlein streicht über den Marktplatz hin. Doch die Stimmung ist gedrückt und die Mienen sind finster. Der Peer überlegt gerade, wann er einmal eine Gelegenheit habe, dem Bürgermeister unter vier Augen ordentlich die Meinung zu sagen; der Aktuar dagegen steht vor der schwierigen Aufgabe, dem Schiffmeister beizubringen, dass nun die Innbrücke schon wieder abgerissen werden muss. Seine Innbrücke – so kann der Stockhinger ja fast sagen, wo er für den Wiederaufbau doch so großzügig gespendet hat!

Der allerübelsten Laune scheint aber wieder einmal Doktor Geiger zu sein. Er schüttelt ununterbrochen den Kopf und schimpft halblaut vor sich hin – sehr zur Erheiterung einiger halbwüchsiger Mädchen, die gerade auf dem Platz beisammen stehen und mit hochroten Köpfen miteinander tuscheln.

Doch urplötzlich hellt sich die Miene des Wütenden auf. Vor ihm steht seine Tochter Rachel mit den drei Enkelkindern. Wie viele Jahre hat er sein Lieblingskind schon nicht mehr gesehen! Und wie groß die Anna Catharina schon geworden ist! Und die Kleine, die er seit ihrer Taufe nicht mehr gesehen hat, wackelt auch schon ganz nett an der Hand der Mutter einher.

Die Freude ist beiderseits groß. Nur die Anna Maria überlegt es sich noch ein bisschen, ob sie es wirklich glauben soll, dass der fremde Mann ihr Opa ist.

Doktor Geiger behandelt seine Tochter mit einer auffallenden übervorsichtigen Zärtlichkeit. Man kann's drehen und wenden, wie man will, aber dahinter steckt doch nur eine ansehnliche Portion schlechten Gewissens bei dem jähzornigen Mann – immer noch wegen damals, wegen dem Bauernaufstand, als seine lose Zunge sie und Malachias leicht in Schwierigkeiten hätte bringen können.

So erkundigt er sich auch gleich am Anfang wieder einmal demonstrativ nach der Hofapotheke.

»Wir haben sie geschlossen«, entgegnet Rachel. »Malachias ist nach Salzburg unterwegs. Der Kurfürst ist krank, und mein Mann soll ihm helfen, gesund zu werden. Der Krieg macht dem hohen Herrn zu schaffen. Vielleicht können wir die Apotheke ja später wieder aufmachen, wenn Frieden ist. Doch noch steht der Schwed vor München.«

Dann folgt etwas, was seit einiger Zeit auch schon zum festen Vater-Tochter-Ritual gehört, was aber Doktor Geiger jedes Mal wieder mit großer Erleichterung und Freude hört. Mit warmer Stimme sagt Rachel: »Geht es dir gut, Vater? Du bist wirklich viel ruhiger geworden! Am Hof hört man nie mehr Klagen über dich.«

Doktor Geiger weiß nicht, ob er sich freuen soll oder sich Sorgen machen muss, wenn seine Tochter jetzt den Wunsch äußert, mit ihren Kindern eine Zeitlang in Rosenheim zu bleiben. Er warnt sie eindringlich vor den Gefahren, die ihr und ihren Kindern hier drohen könnten, aber seine Warnungen sind doch nur halbherzig, und schließlich siegt auch in ihm der Wunsch, endlich wieder mit ihr zusammensein zu können.

»Liebe Leute, lasst euch sagen:
Fünf Mal hat die Uhr geschlagen.
Die Nacht hat sich zum Tag gekehrt:
Bringt das Feuer an den Herd!«

Soeben dreht der Nachtwächter Neuhauser seine letzte Runde vor dem ersehnten Dienstende. Jetzt, so kurz vor Sonnwend, ist um diese Zeit schon heller Tag. Aber das ändert auch nichts an seinem dringenden Wunsch nach ein paar Stündlein Schlaf – zumal an einem so unfreundlich, kühlen Tag, wie es dieser 14. Juni 1648 ist.

Doch heute wird daraus nichts. Große und äußerst unangenehme Ereignisse kündigen sich an.

Am Tor wird es unruhig.

Der Torknecht Hilgmair kommt, sieht den Nachtwächter und ruft: »Schnell! Lauf zum Bürgermeister! Sag ihm, drei Schweden wollen mit ihm reden. Die Räte sollen auch gleich mitkommen!«

Der Nachtwächter läuft los. Der Torknecht begleitet drei schwedische Offiziere auf den Platz. Zur gleichen Zeit kommt der Bürgermeister mit dem Aktuar und fragt die Schweden: »Was wollt Ihr zu so früher Stunde? Wer seid Ihr?«

Der erste Offizier, ein Obristleutnant Pestorf, erwidert sehr korrekt: »Wir sind die Vorhut des schwedischen Heeres und liegen in den Wäldern um Rott. Unsere Vorräte sind aufgebraucht, wir verlangen kräftigen Nachschub. Ich denke dabei fürs Erste an sechshundert Reichstaler und Futter für zweihundert Pferde!«

Entgegnet der Weidacher: »Halten zu Gnaden, doch wir sind mit unserer Kasse schlecht bestellt!«

»Was heißt schlecht?«

Der Bürgermeister erklärt: »Wir haben gerade Kassensturz gemacht, der Aktuar und ich. Zweihundertdreizehn Gulden sind's nur noch, die wir gezählt haben.«

Darauf der Pestorf: »Immerhin zweihundertdreizehn Gul-

den! Die nehmen wir gern. Auch die zweihundert Futter-
rationen für die Pferde sind uns willkommen. Für die
restlichen Gulden kriegen wir dann Pferde.«

»Pferde? – Wollt Ihr uns ausbluten lassen?«

»Nein! Ich denke dabei höchstens an hundert Tiere. Die
habt ihr doch schnell beisammen. Oder?«

Abermals der Bürgermeister: »Unmöglich! Woher die vielen Pferde nehmen und nicht stehlen?«

»Aber, aber, mein Lieber!«, beruhigt der Pestorf. »Keine
Umstände sollt ihr mir machen. Es wäre doch schade für
euch, wenn ich mit leeren Händen ins Feldlager käme.
Stellt euch vor, zweitausend Mann bekommen nicht, was
sie wollen! Ich soll sie bei guter Laune nach Braunau führen, und ihr wollt mir dabei nicht helfen? Besinnt euch!
Wir kommen friedlich! Kein Pulver, kein Blei, kein Säbel-
stich. Also, seid auch ihr friedlich!«

Der Prusch glaubt wieder einmal reden zu müssen und
meint: »Ihr raubt uns aus bis aufs Hemd!«

»Rauben? Nein, wir rauben nicht! Wir handeln. – Was
schaut ihr mich so an? Für Geld und Pferde, die ihr uns
bis zum Mittagläuten ins Lager nach Attel zu bringen
habt, lassen wir euch in Frieden und stellen sogar noch
eine Salva Guardia ab zu eurem Schutz, allerdings gegen Übergabe von drei Geiseln aus eurer Mitte. Also,
auf Wiedersehen im Feldlager zu Attel, Schlag zwölf
Uhr!«

Die schwedischen Offiziere drehen auf der Stelle und
gehen zum Tor. Der Torknecht und der Nachtwächter
folgen ihnen. Da ruft der Bürgermeister den Schweden
entrüstet nach: »Und wo bleibt nun die Salva Guardia?«

Der schwedische Offizier: »Gegen Geld und Pferde, habe

ich gesagt! Ich halte mich an die Abmachung! Haltet auch ihr euch daran!«

Und sie verlassen lachend den Markt.

Kaum sind sie weg, kommt von der Kirche her der Schiffmeister und meldet: »Es ist nicht allzu schwer, die Notbrücke abzureißen. Ein einfacher Steg. Die Handwerker werden bald fertig sein mit der leidigen Arbeit. Dann stehen wir wieder so da wie vor einem Jahr: Mit dem Rücken zum Wasser, und von vorn der Schwed! – Was ist, Bürgermeister? So still?«

Der antwortet betrübt: »Ja. Mit dem Rücken zum Wasser, und von vorn der Schwed! Die da gerade gegangen sind, waren Schweden …!«

»Was wollten sie?«, fragt der Schiffmeister.

»Kontribution! Wenn wir nicht bezahlen, kommen sie wieder! Und die halten Wort …«

Der Bürgermeister sollte Recht behalten: Es dauert keine vierundzwanzig Stunden mehr, und die Schweden sind in Rosenheim. Am frühen Morgen des 15. Juni dringen sie ohne Mühe durch die schlecht gebauten und nur von ein paar Leuten bewachten Tore ein, und noch ehe die Rosenheimer recht wissen, was der plötzliche Lärm vor ihren Häusern soll, stürmen die feindlichen Soldaten schon von allen Seiten auf den Marktplatz.

Simon Paumgartner, der Schuhmacher, sieht sie als einer der ersten kommen und brüllt: »Hilfe! Lasst die Sturmglocke läuten! Überfall! Die Schweden sind eingebrochen! Hilfe!«

Der nächststehende Schwede schießt ihn nieder. Als sich die Rosenheimer um den Armen kümmern wollen, jagen Soldaten sie zurück. Die Glocke läutet.

Die schwedischen Offiziere reiten von allen Seiten hinter den stürmenden Soldaten ein.

Hinzu kommen aus den Gassen die Franzosen, die sich auf die Seite der Schweden schlagen. Rittmeister Rickhencort trifft den Obristwachtmeister Bärtl und den Quartiermeister Prinß und redet kurz mit ihnen. Bärtl meldet dann dem schwedischen General von Wrangel: »Exzellenz, die französischen Besatzungstruppen stehen – wie verabredet – unter Eurem Befehl!«

Der General: »Gut so! – Wo ist der Bürgermeister, wo sind die verdammten Räte und das ganze Pack, das uns die Tore versperrt hat?«

Doch die nähern sich schon mit dem Doktor Geiger, dem Aktuar und etlichen Torknechten; einiges Volk ist auch dabei.

Der von Wrangel beginnt zu toben: »Ihr verfluchte Bande, warum stellt ihr Bayern euch immer noch gegen uns, wo ihr doch wisst, dass wir den längeren Arm haben? Ich lass euch alle aufhängen! Und hört auf zu läuten! Schlagt den Glöckner tot, wenn er nicht sofort aufhört!«

Der Obrist von Elter und zwei Soldaten rennen Richtung Rathaus; die Glocke läutet aus.

Der General fährt fort: »Kein Pardon wird gegeben! Ihr meint, ihr könnt mit uns Katz und Maus spielen? Zuerst wird Frieden geschlossen, dann wird der Vertrag wieder aufgekündigt: Was soll denn das Ganze?«

Doktor Geiger tritt vor: »Exzellenz, wir sind nur das einfache Volk. Regiert wird am Hof zu München und woan-

ders. Dort werden Verträge geschlossen und wieder gelöst. Stellt das nicht uns in Rechnung, was da passiert ist!«
Der von Wrangel herrscht ihn an: »So seid ihr Bayern! Euer Kurfürst, der Hundsfott, schließt zuerst Frieden, dann kündigt er ihn auf, flüchtet nach Salzburg und lässt euch allein. Aber das ist mir egal. Mitgefangen – mitgehangen! Nehmt sie fest, diese Bande von Tagedieben!«
Die französischen Soldaten stürzen sich auf die Ratsherren, umringen sie und schließen sie ein.
Der von Elter und die schwedischen Soldaten kommen zurück und halten den Hilgmair, der geläutet hatte, fest.
Darauf der General von Wrangel: »Anordnung! Es wird alles, was in den Häusern gefunden wird, aufgeladen; zu allererst brauchen wir das ganze Mehl aus den Mühlen und Vorratskammern dieser Leutbescheißer! Es bleibt nichts zurück!«
Der Aktuar: »Lasst uns doch wenigstens ein bisschen Vorrat übrig für unsere Kinder und die Alten!«
»Dummes Gerede! Wenn Er nicht sein Maul hält, lass ich Ihn schlachten!«
Da ruft der Hilgmair: »Recht hat er, der Aktuar! Wir müssen verhungern, und ihr lebt in Saus und Braus!«
»Wer schreit da?«, ruft der von Wrangel. »Sofort eine Kanne aus der Grube für das Großmaul!«
Ein Soldat läuft los und bringt eine Kanne Jauche. Ein anderer bringt einen Trichter. Soldaten drücken den Hilgmair zu Boden und flößen ihm unter Gejohle die Jauche ein.
Dabei klärt sie der von Wrangel auf: »Wisst ihr, was das ist? Das ist ein Schwedentrunk!« – und zu den anderen gewandt, brüllt er: »Ihr aber, hütet euch, das Maul aufzu-

reißen! Ich lass jedem einen kräftigen Schluck verpassen. In diesen Dingen bin ich sehr großzügig! So lange der Vorrat reicht! Eure Jauchegruben sind groß, wie ich gesehen hab!«

Unter den Rosenheimern greift Entsetzen um sich.

Der Schwede Pestorf aber denkt einen Schritt weiter und fragt seinen Herrn: »Exzellenz, sollten wir uns nicht auch nach Geld umsehen? Unsere Kasse braucht immer Nachschub.«

Der General: »Sehr gut, mein Freund!« Und wiederum zu den Ratsherren: »Was ist es euch wert, wenn wir den roten Hahn nicht auf eure Dächer setzen? – Antwort!«

Der Bürgermeister erwidert: »Wir werden versuchen, Geld aufzutreiben. Gestern Mittag haben wir diesem Herrn Offizier unsere letzten zweihundertdreizehn Gulden im Feldlager übergeben lassen. Jetzt ist nichts mehr da!«

Der von Wrangel: »Nichts da? Ihr habt noch genug, ihr Pfeffersäcke! Sofort! Bare Kasse!«

Die Ratsherren bewegen sich etwas abseits und beraten sehr schnell; dann sagt der Bürgermeister: »Wir können auf die Schnelle siebenhundertzwanzig Gulden zusammenbringen. Es ist Verwahrgeld für unsere böhmischen Handelspartner.«

Der Pestorf: »Ausgezeichnet! Ich sag's ja: Es lässt sich alles regeln! Lasst sie laufen und das Geld holen! Ab mit euch! Und dass ihr mir ja gleich wiederkommt.«

Die Soldaten lassen die Ratsherren frei. Diese stieben in alle Richtungen davon, unter Gejohle und Anfeuerung der Schweden.

Gleichzeitig stürmt ein neuer Trupp schwedischer Soldaten aus der Kirchgasse auf den Platz; Sie machen dem

Herrn von Elter irgendeine Meldung, und der wendet sich jetzt an den General: »Exzellenz, die Rosenheimer haben die Brücke am Inn abgerissen, um den Übergang unserer Truppen zu verhindern. Auch die Notfähre ist zerstört. An ein Hinüberkommen ist nicht zu denken!«

»Dann schlagen wir eine neue!«, faucht der General.

»Exzellenz, an einen Brückenschlag ist nicht zu denken. Drüben stehen starke bayerische Truppen. Es könnte uns dann so gehen wie bei Wasserburg und Mühldorf, dass wir am Fluss zusammengehauen werden. Die Bayern werden immer stärker!«

Bissig und das Gesicht voller Gehässigkeit, wendet sich der General an seine Offiziere: »Bis die Saboteure vom Rat, die uns das eingebrockt haben, wieder kommen, schickt die Soldaten in die Häuser zum Plündern; ohne Rücksicht auf Verluste! Der Abriss der Brücke verdient gehörige Konsequenzen! Der verdammte Kurfürst soll wissen, dass wir uns nicht auf der Nase herumtanzen lassen. Die gemeinen Soldaten ab in die Häuser! Die Franzosen bleiben hier zu meinem Schutz! Rosenheim ist freigegeben, auch das Weibervolk!«

Und dann spielen sich die Szenen ab, die in diesem Krieg schon so viele Städte erlebt haben. Die Soldaten rennen in alle Richtungen auseinander, Türen werden eingeschlagen, Holz und Glas splittern, aus den Häusern hört man das Geschrei derer, die von den Soldaten erwischt worden sind.

Auf dem Platz stehen nur noch die Offiziere und einige

Feldwebel, als Bürgermeister und Räte wieder dahergerannt kommen, jetzt mit dem Geld in der Hand.

Von Wrangel befiehlt einem der Feldwebel: »Einsammeln! Zum Zahlmeister bringen, sofort! Na, Pestorf, hab ich nicht immer Recht? Wer Krieg führt, fischt mit einem goldenen Netz!«

Der Bürgermeister jedoch wendet sich an den General: »Euer Gnaden, wir haben alles getan, was Ihr gewollt habt; warum lasst Ihr diesen Markt auch noch plündern?«

»Bürgermeister, halt Er sein Schandmaul! Warum habt ihr die Brücke abgerissen?«

Der Aktuar gibt sich darauf sehr bescheiden: »Verzeihen, aber wir wurden von höchster Stelle dazu verpflichtet. Wir bitten um Verständnis für diese Maßnahme!«

»Ich soll Verständnis für euch aufbringen? Ihr seid wohl nicht ganz bei Troste! Was euch jetzt widerfährt, ist nur die gerechte Strafe für euer Verhalten. – Schluss damit!«

Dann an seine Offiziere: »Wir werden heute noch weiterziehen. Wenn es dunkel wird und wir alles aufgeladen haben, geht's los« – und an die Ratsherren: »Wir lassen eine Salva Guardia mit zwei Mann zurück. Allerdings nur gegen Bezahlung und gegen drei Geiseln aus eurer Mitte. Vernünftige Ware kostet Geld. Obristleutnant Pestorf, wer soll's sein, den wir auswählen?«

»Der Feldwebel Hans Luub aus meiner Kompanie und der Feldwebel Michael Tabat aus der Kompanie von Rittmeister Plantin.«

»Gut so! Vortreten, die beiden! – Dass ihr mir gut aufpasst! Wenn man euch traktiert, sofort Meldung an mich! Verstanden?«

Sie grüßen militärisch.

Dann aber wendet sich der General wieder den Ratsherren zu: »Was ist euch diese Schutzwache wert? – Nichts! Gut, dann mein Angebot: Für jeden dreihundertfünfzig Gulden fürs Erste, und für mich fünfhundert Gulden Vermittlungsgebühr!«

Der Bürgermeister will begreiflicherweise etwas erwidern, wird aber vom Wrangel niedergeredet: »Sehr schön! Brav, dass ihr das akzeptiert! Drei Geiseln von euch gehen sofort mit! Bestimmt sie!«

Die Räte und der Bürgermeister beschließen bereits, während er noch weiterredet: »... und falls der Salva Guardia etwas passiert – Kopf ab! – Wer ist's von euch?«

Der Bürgermeister: »Wir haben bestimmt: die Ratsherren Prusch, Prack und Weidacher!«

Darauf der General: »Die Feldwebel bringen die drei Burschen per sofort ins Feldlager! Ab mit euch! – Und ihr, meine Herren Offiziere, auf zu neuen Taten! Die Franzosen gehen mit; die Schwedischen folgen nach der Plünderung! – Und ihr Rosenheimer kümmert euch, dass die Salva Guardia gut versorgt wird, sonst gnade euch Gott, aber der protestantische! Und wenn's nicht klappt – ein frohes Wiedersehen!«

Die Soldaten haben mittlerweile in der Stadt einige Pferde und Wägen aufgetrieben und beginnen, das Raubgut, das sie zentnerweise aus den Häusern schleppen, aufzuladen.

Die einstigen Besitzer der Schätze stehen händeringend daneben – sofern sie nicht gemeint haben, Widerstand leisten zu können, und jetzt blutüberströmt und mit gebrochenen Knochen in ihren Häusern liegen.

Trotz des Durcheinanders haben jetzt Doktor Geiger und einige andere Zeit gefunden, sich um den angeschossenen Paumgartner zu kümmern. Der Arzt jedoch sieht schnell, wie es steht.

»Bringt ihn hinüber zum Gottesacker!«, sagt er. »Da kommt jede Hilfe zu spät!«

Sie tragen ihn weg, und der Aktuar resümiert: »Es ist zum Verzweifeln! Nicht einmal auf seine Verbündeten kann man sich verlassen. Die Franzosen haben uns sauber an die Schweden verkauft: Zuerst liegen sie monatelang auf unserer Tasche, haben uns mehr als siebenhundert Gulden Service-Geld gekostet – dafür haben sie dann aber rumort!«

Die Gruppe beginnt sich aufzulösen, doch der Peer kann sich's nicht versagen, dem Bürgermeister noch eins aufs Fell zu brennen: »Siehst du, jetzt ist's gekommen, wie's der Stockhinger und ich immer gesagt haben! Jetzt haben wir die Bescherung! Hättest du nicht den Befehl zum Abwurf der Brücke gegeben, wären die Schweden über den Inn, wir hätten unsere Ruhe – und einen Toten weniger – wenn's nicht sogar noch mehr werden! Aber nein! Auf'n Kurfürsten hast g'hört statt auf mich! Du Angsthas! Wo ist er denn jetzt, der Kurfürst? Abg'haut ist er! Mit dem Schwed und den verräterischen Franzosen lässt er uns allein!«

Ein Freudentag

Einige Monate später.

Letztlich müssen die Rosenheimer sagen, dass sie bei dem Schwedeneinfall doch noch glimpflich weggekommen sind. Gewiss, so mancher, der selbst in den letzten Kriegsjahren noch ein wohlhabender Herr gewesen ist, muss nun nach der Plünderung wieder fast ganz von vorne anfangen. Doch ihre Häuser stehen noch – die Schweden hatten ja Gott sei Dank darauf verzichtet zu zündeln. Und der arme Schuster Paumgartner ist zum Glück wirklich das einzige Todesopfer des Überfalls geblieben. So manchen anderen, den die Schweden übel zugerichtet hatten, hat der tüchtige Doktor Geiger wieder zusammenflicken können.

An diesem goldenen Herbsttag rollt wieder einmal die Kutsche eines alten Bekannten auf den Marktplatz von Rosenheim: Audomar von Wolkenstein, in Begleitung des Obristen Khinig und einiger bayerischer Reiter, hat den Rosenheimern eine Nachricht zu bringen. Doch dieses Mal ist es eine gute Nachricht, die er vor der versammelten Bürgerschaft feierlich verkündet:

»Bürger von Rosenheim! Ich verkünde euch im Namen unseres durchläuchtigsten Herrn, des Kurfürsten von Bayern, dass Not und Pein für immer von unserem Bayernland genommen sind. Der Kaiser, die Franzosen, die Schweden und unser Kurfürst haben nach lang andauernden und schwierigen Verhandlungen zu Münster und Osnabrück Frieden geschlossen.«

Alles jubelt.

»Die französischen Truppen bewegen sich bereits in Richtung Rhein, die schwedischen Truppen werden sich nach Schwaben zurückziehen. Die in Rosenheim noch verbliebene schwedische Salva Guardia ist mit einem Begleitbrief auszustatten und in Marsch zu setzen. Die drei Rosenheimer Geiseln wurden bereits aus schwedischem Gewahrsam entlassen; sie sind auf dem Wege hierher.«

Erneuter Jubel.

»Und ihr Rosenheimer, bringt mir euren Doktor Geiger! Ich hab noch etwas mit ihm zu erledigen.«

Der Doktor ruft aus der Volksmenge: »Bin schon da, verehrter Herr Kriegskommissarius – oder besser gesagt, nur noch Kommissarius. Wie ich höre, ist ja der Krieg vorbei!«

Der von Wolkenstein geht dem Arzt entgegen und schließt ihn in seine Arme: »Doktor Geiger, und immer noch habt Ihr eine lose Zunge! Doch sei's drum! Zuallererst: Ich bring euch euren Schwiegersohn, den Malachias Brand, von Salzburg zurück. Hier ist er.«

Der Hofapotheker steigt aus der Kutsche. Es gibt eine herzliche Begrüßung zwischen ihm und dem ganzen Hause Doktor Geiger – denn auch Rachel und die drei Kleinen haben die Schwedenplag, der Mutter Gottes sei Dank, unbeschadet überstanden.

Nachdem er genügend Zeit für die diversen Umarmungen, Küsschen und »Papa, Papa«-Rufe gelassen hat, räuspert sich der Wolkenstein und spricht weiter:

»Doktor Geiger, unser Kurfürst war lange Zeit nicht gut auf Euch zu sprechen. Ich erinnere nur an den Bauernaufstand und an das böse Famosschreiben sowie an die Hetzschrift bezüglich der Verteidigung des Marktes. Doch der Friedensschluss hat unseren Herrn gütig gestimmt. Das Gerichtsverfahren gegen Euch wird auf ausdrückliche Weisung Seinerseits nicht weitergeführt. Auf peinliche Tortur wird verzichtet.«

Beglückt ruft der Doktor: »Ich bin überrascht von so viel Einsicht! Ich hätt es wirklich nicht erwartet.«

Der Wolkenstein ist etwas aufgebracht und runzelt die Stirn: »Warum müsst Ihr mich denn fortwährend unterbrechen! – Aber Ihr habt eben neben dem Kurfürsten einen guten Fürsprecher und Freund bei Hofe. Ihr wisst, wen ich meine?«

»Nein! Am Hofe habe ich keine Freunde! Zu lange war ich dort in München als Stadtmedicus tätig.«

»Erinnert Ihr Euch an das Jahr 1620? An die Schlacht bei Prag, als Ihr dort Feldwundarzt wart?«

»Oh, das ist lange her!«

»Durchaus! Aber damals habt Ihr dem General Johann von Werth, als er von neun Kugeln halb tot geschossen war, durch gewagte Operationen das Leben gerettet.«

»Allerdings! Der gute von Werth!«

»Und dieser gute von Werth hat ein gutes Wort für Euch eingelegt. Denn in Anbetracht Eurer medizinischen Leistung seid Ihr als Kapazität weit über die Grenzen Eurer Heimat hinaus berühmt geworden. Und deshalb hat der Kurfürst das Verfahren eingestellt, und – hört mir gut zu! – es steht Euch noch eine Ehrung bevor. – Obrist Khinig, lest!«

121

Der von Wolkenstein reicht dem Obristen das Schreiben, und der Obrist liest:

»Wiewohl Wir in all den verwichenen Pest- und Kriegsjahren, so Wir mit Unseren Völkern glücklich überdauert haben, Unseren Sohn, den

Doctorem Medicinae universalis et Chirurgiae
Tobiam Geiger

als einen hochlöblichen Verfechter Unserer Bemühungen um des bayerischen Volkes Glück und Wohlergehen bewundern konnten, fühlen Wir Uns anjetzt gedrängt, ihn aus allergnädigster Huld und Wertschätzung

in den Adelsstand zu erheben.

Wir verleihen ihm ebenermaßen den anhangenden Wappenbrief und versichern ihn Unserer wohlmeinenden Gewogenheit, so wahr Uns Gott helfe!
Datum et perfectum in aula ducali
Maximilianus.«

Erneut bricht mächtiger Jubel aus.
Nachdem wieder Stille eingetreten ist, ergreift der Hochgeehrte das Wort: »Hohe Gäste, liebe Leut! – Ich bitt euch um Verständnis, wenn ich euch sag, dass mir so viel Ehr gar nicht recht ist! Denn was mir da angerühmt wird, gehört zu meinen Pflichten und ist selbstverständlich.

Selbstverständliches aber bedarf keiner Erwähnung. – Trotzdem danke ich unserm Herrn Kurfürsten und bitte ihn, mir manches krumme Wort nachzusehen, das ich über ihn gesprochen hab! Bestellt ihm das, bitte, Herr Kommissar!«

Die beiden Männer schütteln sich die Hände. Der Arzt aber redet weiter: »Ich bin nicht mehr der Jüngste. Habe mein Leben lang gearbeitet und Wohlstand erfahren. Ich war Stadtmedicus zu München und hab dort vielen Leuten helfen können, hab auch große Schlachten miterlebt als Feldscher und hab die Pest überlebt und viele Kranke versorgt. Dass mir manches gut gelungen ist, hab ich meiner Ausbildung zu verdanken, die schwer und nicht billig war. So möchte ich aus Dankbarkeit einen Teil meines Vermögens aus den Gütern zu Hausstätt, Lauterbach, Hochstätt, Kaltmühl und Pösling als Stiftung geben. Damit sollen begabte Studenten ausgebildet werden.«

Hochrufe, Jubel und Heiterkeit setzen ein.

»Und jetzt, liebe Freunde, trinken wir drüben beim Wirt auf unser Glück! Euch, lieber Herr von Wolkenstein, und Eure Begleitung lade ich auch noch ein! Feiert mit mir!«

Wir wären damit fast am Ende unserer Rosenheimer Szenen aus dem Dreißigjährigen Krieg angelangt. Doch eine Kleinigkeit bleibt noch zu berichten. Sie zeigt uns, dass wir über aller Weltgeschichte nicht die kleinen menschlichen Aspekte übersehen dürfen, die uns zwischen all dem Schlachtenlärm zeigen, dass der Mensch seine ihm vom Herrgott gesetzte Bestimmung vielleicht doch nicht ganz verfehlt hat …

Als der lärmende Haufen der Feiernden abgezogen ist, bleiben, wie zufällig, nur drei auf dem Marktplatz zurück: der Aktuar, Lisa – jene Elisabetha Grieffnierin, die damals in der Pestzeit zu vier Tagen in der »Geige« verurteilt worden ist – und deren Sohn Thomas.

»Ich freue mich, dich zu sehen, Lisa!«, redet der Aktuar die Frau an.

»Ich auch, gnädiger Herr!«

»Geh, lass den Gnädigen Herrn! – Du gefällst mir, Lisa!«

»Außer meinem Sebastian – Gott hab ihn selig! – hat das noch kein gescheites Mannsbild zu mir gesagt.«

»Weißt, Lisa, die Zeiten haben sich geändert. Wir beide sind keine Zwanzigjährigen mehr. Zumindest für meine Jahre sind die Maßstäbe anders gesetzt. Ich denk, wir täten gut zusammenpassen: du und ich!«

»Aber was würden die Leut sagen, wenn Ihr mich daherbrächtet – eine, die noch aus der Pestzeit stammt!«

»Na und? Die Pest ist lange schon vorbei!«

»Ja, sie ist vorbei! Aber was da geschah und vorher …«

»Vorher gibt's heute nicht mehr!«

»Aber die Leut werden sich das Maul zerreißen.«

»Es gibt nicht mehr viele davon, und wenn? Der Mensch hat ein Recht auf Vergessen!«

»Wenn zwei zusammengehen wollen, dann müssen sie sich in unserer unsicheren Zeit aber fragen, ob sie's verantworten können.«

»Ich kann's verantworten, Lisa, vor mir und meinem Gewissen. Ich hab mir's reiflich überlegt. Ich bin allein.«

»Aber ich bin ned allein. Mein Thomas ist noch da.«

»Der Bub soll kein Hinderungsgrund sein. Ich kenn ihn. Er ist ein guter Kerl, und gescheit soll er auch sein. Ich nehm ihn an meine Seite, so wie dich.«

»Danke, gnädiger Herr …«

»Lisa, lass das!«

»Und wer soll mein Trauzeuge sein? Ich hab keine Verwandten im Markt.«

»Nimm den, der dir schon früher ein Freund und Fürsprecher war!«

»Du meinst den Doktor Geiger?«

»Ja, den Doktor Geiger! Der hat unseren Markt vorm Aussterben gerettet. Der kann uns auch für die Zukunft ein guter Ratgeber sein.«

»Wenn er nur ned so grob wär!«

»Lisa, mir scheint, niemand in Rosenheim hat diese Grobheit deutlicher erfahren als ich! Aber man muss bei der Wahrheit bleiben und sich ehrlich eingestehen: Einen Doktor Geiger wird's so bald nicht wieder geben. – Ich frag ihn!«

»Tätst du ihn heut noch fragen wollen?«

»Er ist jetzt im Weinhaus und feiert seine Erhebung in den Adelsstand. Wenn er heimgeht, dann frag ich ihn.«

»Tu das!«

»Er wird heut noch viel Freude erfahren; das wird seine Grobheit mildern.«

»Weißt du, wie spät es ist?«

In diesem Augenblick kommt von der Turmuhr die Antwort …

Die beiden verlassen selig den Platz.

© 1997 Rosenheimer Verlagshaus GmbH & Co. KG, Rosenheim

Umschlagbild: John Design, Rosenheim
Satzarbeiten: Buch-Werkstatt GmbH, Bad Aibling
Druck und Bindung: Wiener Verlag, Himberg bei Wien

Die Abbildung auf Seite 2 ist ein historischer Stich von Doktor
Tobias Geiger. Sie entstammt der »Chronik von Rosenheim«,
herausgegeben von Otto Titan von Hefner 1860 im Auftrag des
Magistrats und der Gemeinde Rosenheim, nachgedruckt im
Auftrag der Stadt Rosenheim 1989. Autor und Verlag danken der
Stadt Rosenheim für die Abdruckgenehmigung.

ISBN 3-475-52868-1